Üben 1 Trage die richtigen Zahlen in die gefärbten Felder auf der Hundertertafel ein.

1			4						

Die Hundertertafel

Lösung 1 Für jede richtige Zahl gibt es 1 Punkt.

1			4						10
	12					17			
								29	
	32				36				
		43							50
							58	59	
61				65					70
								79	
	82								
								99	100

Üben 2 Ordne die Zahlen von klein nach groß und trage sie richtig in die Tabelle ein: Hunderter (H), Zehner (Z), Einer (E).

H	Z	E
1	0	0

Das Zehnersystem

Lösung 2 Für jede richtig eingetragene Zahl gibt es 1 Punkt.

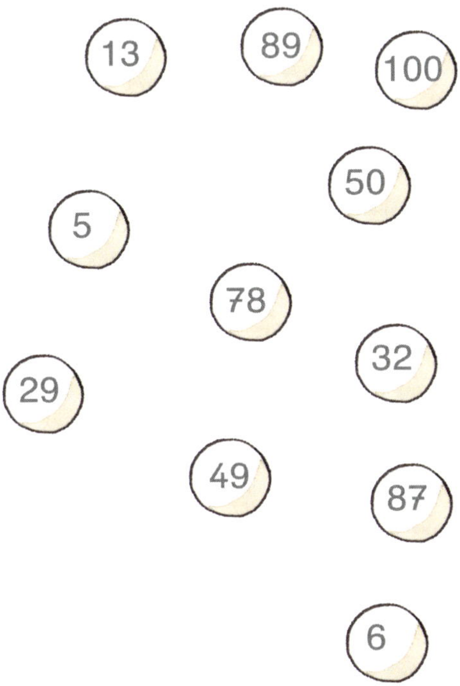

H	Z	E
		5
		6
	1	3
	2	9
	3	2
	4	9
	5	0
	7	8
	8	7
	8	9
1	0	0

Üben 3 Folgende Zahlen werden gesucht.
Schreibe auf.

1	2	3	4	5	6	7	8	9	10
11	12	13	14	15	16	17	18	19	20
21	22	23	24	25	26	27	28	29	30
31	32	33	34	35	36	37	38	39	40
41	42	43	44	45	46	47	48	49	50
51	52	53	54	55	56	57	58	59	60
61	62	63	64	65	66	67	68	69	70
71	72	73	74	75	76	77	78	79	80
81	82	83	84	85	86	87	88	89	90
91	92	93	94	95	96	97	98	99	100

alle Zahlen mit 5 Zehnern: 50, 51, ...

alle Zahlen mit 8 Einern: ....

alle Zahlen, die größer als 29,
aber kleiner als 32 sind: ....

alle geraden Zahlen zwischen 71 und 83: ....

der Vorgänger der Zahl mit 5 Zehnern
und 4 Einern: ....

der Nachfolger der Zahl 9Z 4E: ....

Zahlen erkennen

Lösung 3 Für jede richtige Zahl gibt es 1 Punkt.

							8		
							18		
							28		30
31							38		
							48		50
51	52	53	54	55	56	57	58	59	
							68		
	72		74		76		78		80
	82						88		
				95			98		

alle Zahlen mit 5 Zehnern: 50, 51, 52, 53, 54, 55, 56, 57, 58, 59

alle Zahlen mit 8 Einern: 8, 18, 28, 38, 48, 58, 68, 78, 88, 98

alle Zahlen, die größer als 29,
aber kleiner als 32 sind: 30, 31

alle geraden Zahlen zwischen 71 und 83: 72, 74, 76, 78, 80, 82

der Vorgänger der Zahl mit 5 Zehnern und 4 Einern: 53

der Nachfolger der Zahl 9Z 4E: 95

Üben 4

Welche Zahlen verbergen sich hinter den Symbolreihen? I = Zehner, o = Einer

III ooo	33	IIII ooo	....
ooooo	....	II o	....
IIIII oo	....	II ooooo o	....
ooooo oo	....	IIIII IIII ooo	....
I ooooo oo	....	IIIII IIIII	....

Schreibe die Zahlen als Symbolreihe.

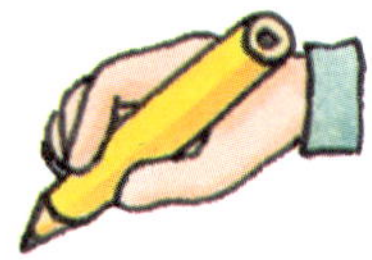

87	IIIII III ooooo oo	3	....
60	....	19	....
73	....	45	....
11	....	34	....
99	....	22	....

Zahlen aufschreiben

Lösung 4 Für jede richtige Zahl und jede richtige Symbolreihe gibt es 1 Punkt.

III ooo	33	IIII ooo	43
ooooo	5	II o	21
IIIII oo	52	II ooooo o	26
ooooo oo	7	IIIII IIII ooo	93
I ooooo oo	17	IIIII IIIII	100

87 IIIII III ooooo oo	3 ooo
60 IIIII I	19 I ooooo oooo
73 IIIII II ooo	45 IIII ooooo
11 I o	34 III oooo
99 IIIII IIII ooooo oooo	22 II oo

Üben 5 Lies die Zahlen ab und trage sie ein.

Trage die Zahlen am Zahlenstrahl ein.

Zahlen auf dem Zahlenstrahl

Lösung 5 Für jede richtig eingetragene Zahl gibt es 1 Punkt.

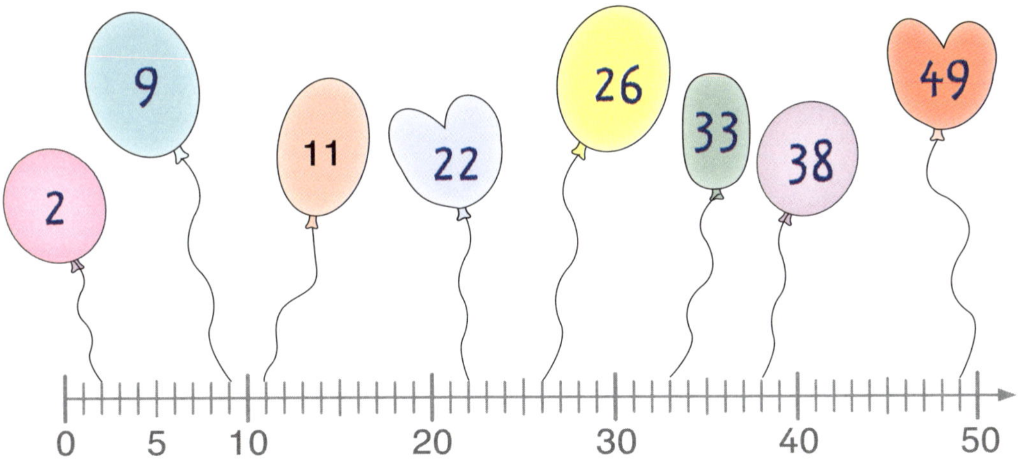

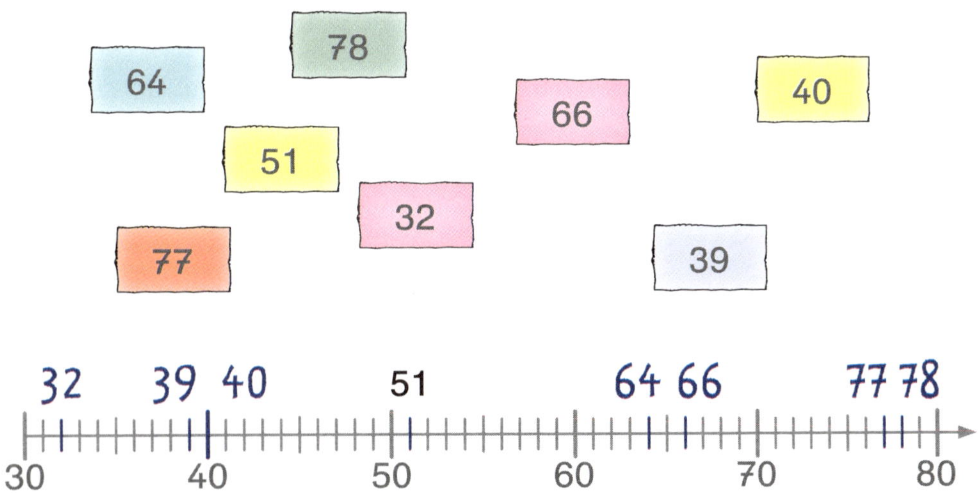

Üben 6 Welche Aufgaben gehören zusammen?
Rechne und male in der gleichen Farbe an.

5 + 4 = 9

6 + 3 = ...

1 + 4 = ...

80 + 20 = ...

40 + 40 = ...

30 + 10 = ...

60 + 30 = ...

4 + 4 = ...

8 + 2 = ...

10 + 90 = ...

1 + 9 = ...

50 + 40 = 90

10 + 40 = ...

3 + 1 = ...

Zehnerzahlen addieren

Lösung 6 Für jedes richtige Aufgabenpaar gibt es 2 Punkte.

5 + 4 = 9
6 + 3 = 9

1 + 4 = 5
80 + 20 = 100

40 + 40 = 80
30 + 10 = 40

60 + 30 = 90
4 + 4 = 8

8 + 2 = 10
10 + 90 = 100

1 + 9 = 10
50 + 40 = 90

10 + 40 = 50
3 + 1 = 4

Üben 7 Setze die Reihe fort und rechne aus.

5 + 3 = 8

15 + 3 = ...

25 + 3 = ...

35 + ... = ...

.... + ... = ...

.... + ... = ...

2 + 6 = ...

12 + 6 = ...

.... + ... = ...

.... + ... = ...

.... + ... = ...

.... + ... = ...

9 + 4 = ...

19 + 4 = ...

.... + ... = ...

.... + ... = ...

.... + ... = ...

.... + ... = ...

7 + 5 = ...

17 + 5 = ...

.... + ... = ...

.... + ... = ...

.... + ... = ...

.... + ... = ...

Einstellige Zahlen addieren

Lösung 7 Für jede richtige Aufgabengruppe gibt es 2 Punkte.

5 + 3 = 8	2 + 6 = 8
15 + 3 = 18	12 + 6 = 18
25 + 3 = 28	22 + 6 = 28
35 + 3 = 38	32 + 6 = 38
45 + 3 = 48	42 + 6 = 48
55 + 3 = 58	52 + 6 = 58

9 + 4 = 13	7 + 5 = 12
19 + 4 = 23	17 + 5 = 22
29 + 4 = 33	27 + 5 = 32
39 + 4 = 43	37 + 5 = 42
49 + 4 = 53	47 + 5 = 52
59 + 4 = 63	57 + 5 = 62

Üben 8 Löse die Kettenaufgabe: Das Ergebnis ist immer die erste Zahl der nächsten Aufgabe.

18 + 8 = 26 → 26 + 5 = ...

→ .... + 7 = ... → .... + 9 = ... →

.... + 6 = ... → .... + 7 = ...

→ .... + 4 = ... → .... + 8 = ... →

.... + 9 = ... → .... + 6 = ... →

.... + 6 = ... → .... + 7 = ...

Kettenaufgaben

Lösung 8 Für jedes richtige Ergebnis gibt es 1 Punkt.

18 + 8 = 26 → 26 + 5 = 31

→ 31 + 7 = 38 → 38 + 9 = 47 →

47 + 6 = 53 → 53 + 7 = 60

→ 60 + 4 = 64 → 64 + 8 = 72 →

72 + 9 = 81 → 81 + 6 = 87 →

87 + 6 = 93 → 93 + 7 = 100

Üben 9 Addiere zur ersten Zahl immer zuerst den Zehner der zweiten Zahl und dann zu diesem Ergebnis den Einer der zweiten Zahl.

36 + 13 = 49

36 + 10 = 46

46 + 3 = 49

47 + 32 =

57 + 25 =

69 + 24 =

28 + 57 =

19 + 73 =

Zweistellige Zahlen addieren

Lösung 9 Für jedes richtige Endergebnis gibt es 1 Punkt.

36 + 13 = 49	47 + 32 = 79	57 + 25 = 82
36 + 10 = 46	47 + 30 = 77	57 + 20 = 77
46 + 3 = 49	77 + 2 = 79	77 + 5 = 82

69 + 24 = 93	28 + 57 = 85	19 + 73 = 92
69 + 20 = 89	28 + 50 = 78	19 + 70 = 89
89 + 4 = 93	78 + 7 = 85	89 + 3 = 92

TIPP

Für diese Aufgaben gibt es verschiedene Rechenwege.
Weg 1: Addiere erst die Zehner, dann die Einer.
Weg 2: Addiere erst die Einer, dann die Zehner.

Üben 9 Punkte

Üben 10 Addiere immer zuerst die Zehner und dann die Einer und rechne aus.

24 + 23 = 47
20 + 20 = 40
4 + 3 = 7
40 + 7 = 47

17 + 19 =

38 + 47 =

41 + 57 =

63 + 11 =

75 + 25 =

Zweistellige Zahlen addieren

Lösung 10 Für jedes richtige Endergebnis gibt es 1 Punkt.

24 + 23 = 47
20 + 20 = 40
4 + 3 = 7
40 + 7 = 47

17 + 19 = 36
10 + 10 = 20
7 + 9 = 16
20 + 16 = 36

38 + 47 = 85
30 + 40 = 70
8 + 7 = 15
70 + 15 = 85

41 + 57 = 98
40 + 50 = 90
1 + 7 = 8
90 + 8 = 98

63 + 11 = 74
60 + 10 = 70
3 + 1 = 4
70 + 4 = 74

75 + 25 = 100
70 + 20 = 90
5 + 5 = 10
90 + 10 = 100

Üben 11 Rechne und zeichne deinen Rechenweg am Rechenstrich auf.

58 + 21 = 79

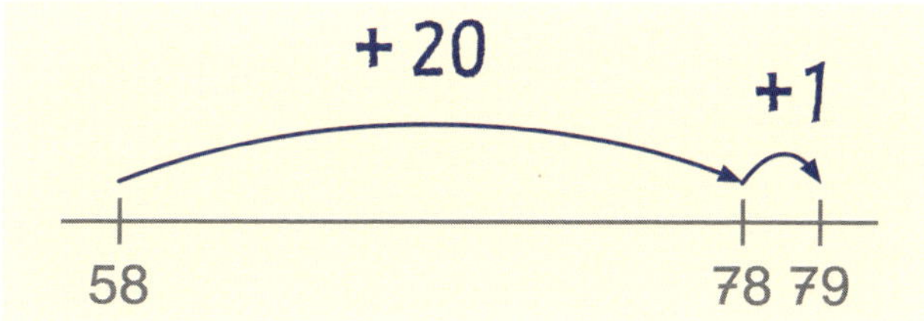

76 + 17 = ...

43 + 38 = ...

67 + 25 = ...

Addieren am Rechenstrich

Lösung 11 Für jede richtige Aufgabe gibt es 1 Punkt.

58 + 21 = 79

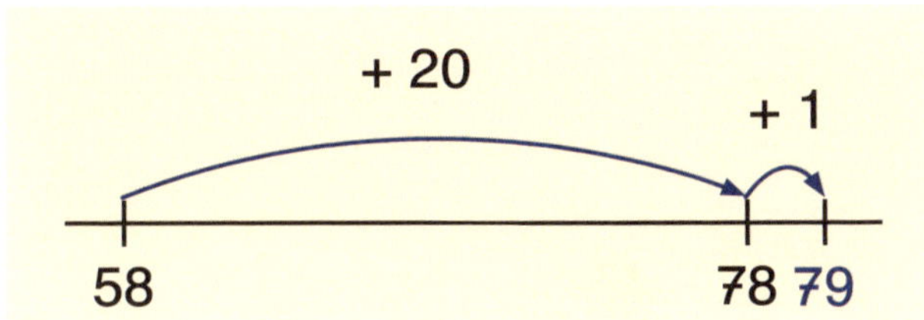

76 + 17 = 93

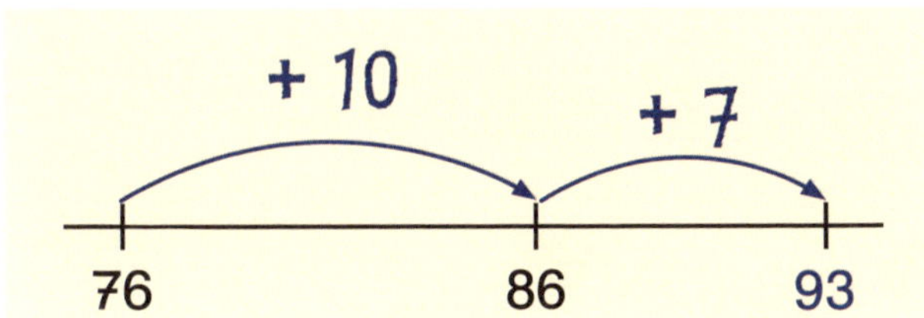

43 + 38 = 81

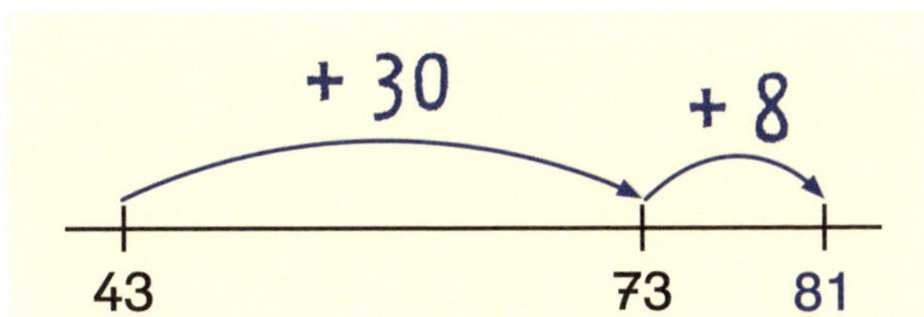

67 + 25 = 92

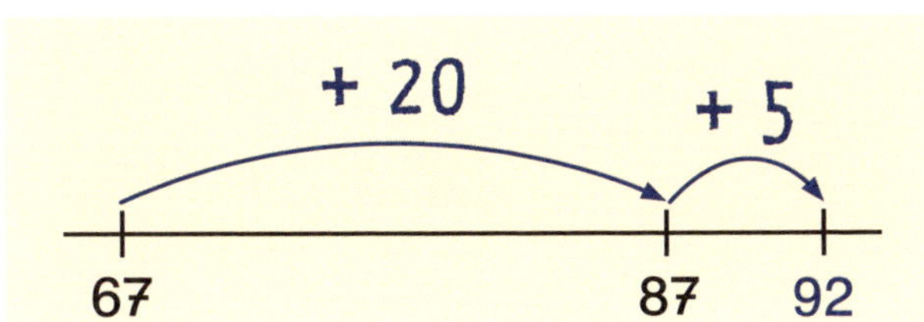

Üben 12 Fülle die Tabellen aus.

+	8	3	5	9	7	0
28	36					
65						
84						

+	12	25	43	37
18	30			
35				
42				
21				
57				
46				
29				

Tabellen ergänzen

Lösung 12 Für jede richtige Zeile gibt es 2 Punkte.

+	8	3	5	9	7	0
28	36	31	33	37	35	28
65	73	68	70	74	72	65
84	92	87	89	93	91	84

+	12	25	43	37
18	30	43	61	55
35	47	60	78	72
42	54	67	85	79
21	33	46	64	58
57	69	82	100	94
46	58	71	89	83
29	41	54	72	66

Üben 13 Fülle die Rechenmauern aus.

18			
16	2	9	27

19	3	0	15	4

Rechenmauern

Lösung 13 Für jede richtige Zahl gibt es 1 Punkt.

76			
29	47		
18	11	36	
16	2	9	27

95				
43	52			
25	18	34		
22	3	15	19	
19	3	0	15	4

TIPP

So füllst du Rechenmauern aus:
16 + 2 = 18

18	
16	2

Üben 14 In jedem Rechendreieck stecken drei Aufgaben mit dem gleichen Ergebnis. Schreibe alle Aufgaben auf. Rechne und vervollständige.

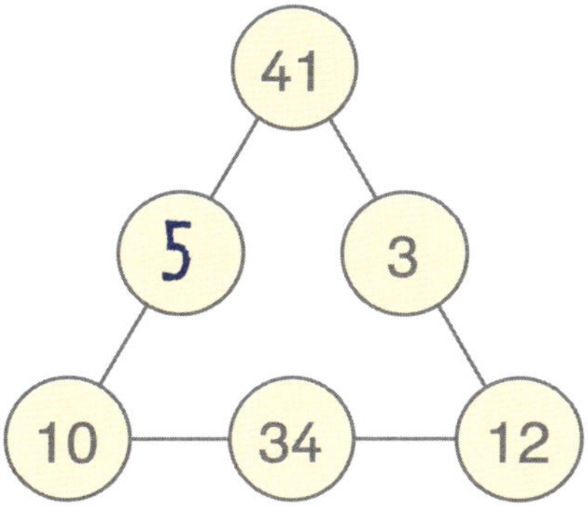

41 + 3 + 12 = 56
10 + 34 + 12 = 56
10 + 5 + 41 = 56

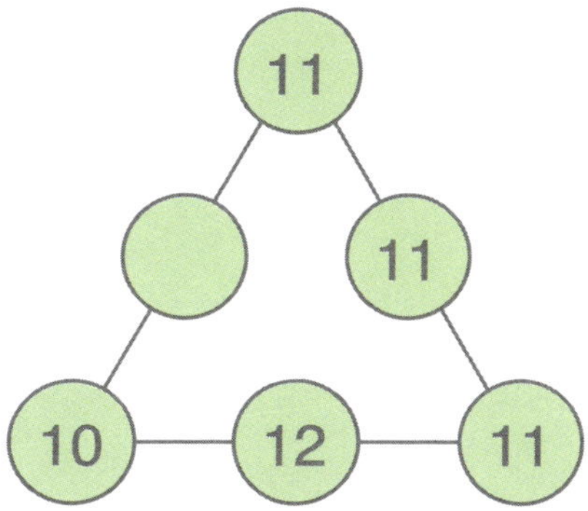

11 + + =
+ + =
+ + =

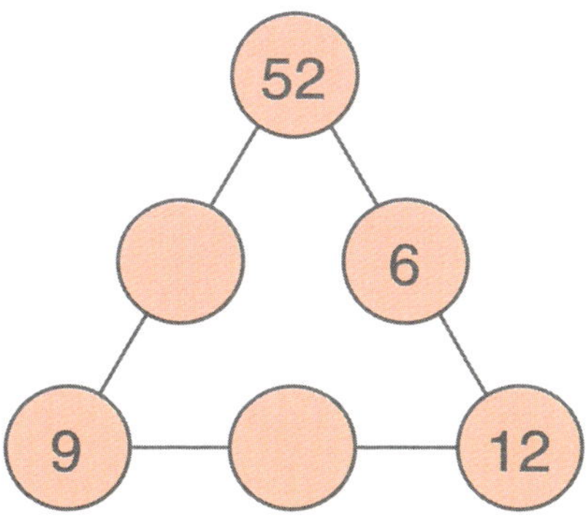

+ + =
+ + =
+ + =

Rechendreiecke

Lösung 14 Für jedes richtige Rechendreieck gibt es 3 Punkte.

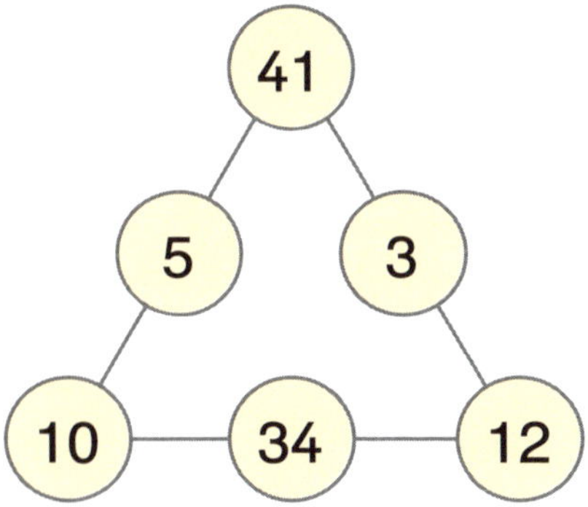

41 + 3 + 12 = 56
10 + 34 + 12 = 56
10 + 5 + 41 = 56

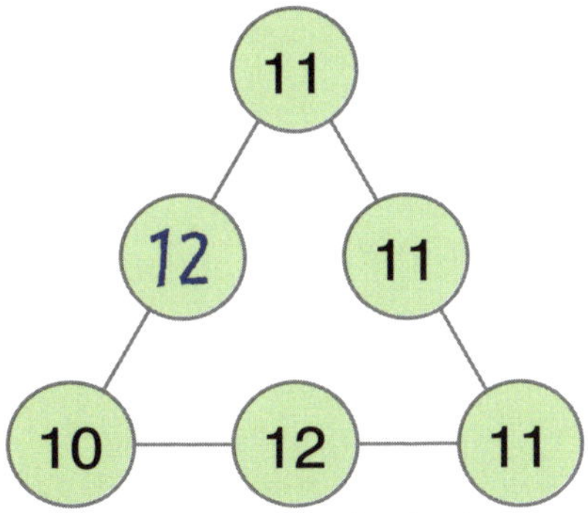

11 + 11 + 11 = 33
10 + 12 + 11 = 33
10 + 12 + 11 = 33

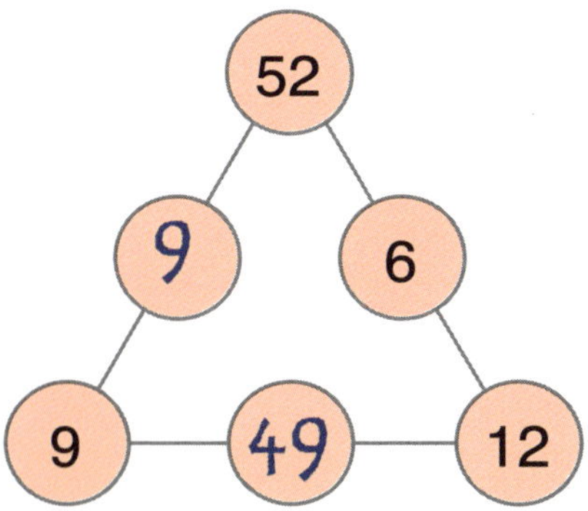

52 + 6 + 12 = 70
9 + 49 + 12 = 70
9 + 9 + 52 = 70

Üben 15 Rechne aus und setze das passende Zeichen ein: <, > oder =.

35 + 14	<	59
68 + 23		91
23 + 68		81
57 + 33		100

24 + 59		73
45 + 37		63
78 + 17		95
19 + 68		77

18 + 7		16 + 9
33 + 4		25 + 13
47 + 25		58 + 12
65 + 27		83 + 9
52 + 36		29 + 49
64 + 22		75 + 11

Ergebnisse vergleichen

Lösung 15 Für jedes richtige Zeichen gibt es 1 Punkt.

35 + 14	<	59
68 + 23	=	91
23 + 68	>	81
57 + 33	<	100

24 + 59	>	73
45 + 37	>	63
78 + 17	=	95
19 + 68	>	77

18 + 7	=	16 + 9		65 + 27	=	83 + 9
33 + 4	<	25 + 13		52 + 36	>	29 + 49
47 + 25	>	58 + 12		64 + 22	=	75 + 11

TIPP

< ist kleiner als > ist größer als = ist gleich

Üben 16 Löse die Rechenketten.

26	+12	38	+37		+8	
43	+19		+25		+13	
19	+36		+17		+14	
37	+28		+23		+7	
58	+16		+18		+5	
32	+24		+18		+16	

Rechenketten

Lösung 16

Für jede richtige Zahl gibt es 1 Punkt.

26 — +12 — 38 — +37 — 75 — +8 — 83

43 — +19 — 62 — +25 — 87 — +13 — 100

19 — +36 — 55 — +17 — 72 — +14 — 86

37 — +28 — 65 — +23 — 88 — +7 — 95

58 — +16 — 74 — +18 — 92 — +5 — 97

32 — +24 — 56 — +18 — 74 — +16 — 90

Üben 17 Philipp hat schon 37 Plätzchen gebacken.
Nun kommen noch 15 Plätzchen dazu.

Frage: Wie viele Plätzchen sind es insgesamt?

Rechnung:

Antwort: ....

Üben 18 Lina hat ein Album mit 26 Stickern.
Sie kauft noch ein Päckchen mit 5 Stickern.

Frage: Wie viele Sticker hat sie jetzt?

Rechnung:

Antwort: ....

Sachaufgaben

Lösung 17 Für die richtige Rechnung gibt es 2 Punkte.
Für die richtige Antwort gibt es 1 Punkt.

Frage: Wie viele Plätzchen sind es insgesamt?
Rechnung: 37 + 15 = 52
Antwort: Es sind insgesamt 52 Plätzchen.

Lösung 18 Für die richtige Rechnung gibt es 2 Punkte.
Für die richtige Antwort gibt es 1 Punkt.

Frage: Wie viele Sticker hat sie jetzt?
Rechnung: 26 + 5 = 31
Antwort: Sie hat jetzt 31 Sticker.

Üben 19 Setze die Reihe fort und rechne aus.

7 – 2 = 5

17 – 2 = ...

27 – 2 = ...

37 – .... = ...

.... – .... = ...

.... – .... = ...

9 – 5 = ...

19 – 5 = ...

.... – .... = ...

.... – .... = ...

.... – .... = ...

.... – .... = ...

12 – 4 = ...

22 – 4 = ...

.... – .... = ...

.... – .... = ...

.... – .... = ...

.... – .... = ...

16 – 8 = ...

26 – 8 = ...

.... – .... = ...

.... – .... = ...

.... – .... = ...

.... – .... = ...

Einstellige Zahlen subtrahieren

Lösung 19 Für jede richtige Aufgabengruppe gibt es 2 Punkte.

7 – 2 = 5	9 – 5 = 4
17 – 2 = 15	19 – 5 = 14
27 – 2 = 25	29 – 5 = 24
37 – 2 = 35	39 – 5 = 34
47 – 2 = 45	49 – 5 = 44
57 – 2 = 55	59 – 5 = 54

12 – 4 = 8	16 – 8 = 8
22 – 4 = 18	26 – 8 = 18
32 – 4 = 28	36 – 8 = 28
42 – 4 = 38	46 – 8 = 38
52 – 4 = 48	56 – 8 = 48
62 – 4 = 58	66 – 8 = 58

Üben 20 Schreibe auf, wie du rechnest. Rechne aus.

47 – 25 = 22

47 – 20 = 27

27 – 5 = 22

68 – 35 =

74 – 28 =

93 – 65 =

82 – 46 =

53 – 28 =

Zweistellige Zahlen subtrahieren

Lösung 20 Für jedes richtige Endergebnis gibt es 1 Punkt.

47 − 25 = 22
47 − 20 = 27
27 − 5 = 22

68 − 35 = 33
68 − 30 = 38
38 − 5 = 33

74 − 28 = 46
74 − 20 = 54
54 − 8 = 46

93 − 65 = 28
93 − 60 = 33
33 − 5 = 28

82 − 46 = 36
82 − 40 = 42
42 − 6 = 36

53 − 28 = 25
53 − 20 = 33
33 − 8 = 25

TIPP

Für diese Aufgaben gibt es verschiedene Rechenwege.
Weg 1: Subtrahiere erst die Zehner, dann die Einer.
Weg 2: Subtrahiere erst die Einer, dann die Zehner.

Üben 21 Rechne und zeichne deinen Rechenweg am Rechenstrich auf.

58 – 27 = 31

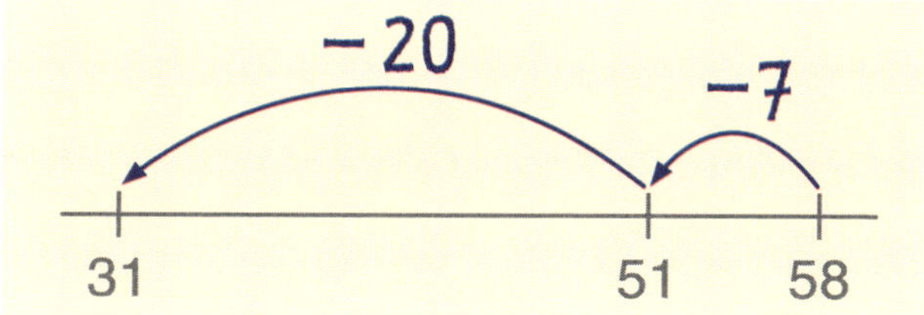

84 – 49 = ...

73 – 36 = ...

95 – 67 = ...

Subtrahieren am Rechenstrich

Lösung 21 Für jede richtige Aufgabe gibt es 1 Punkt.

58 – 27 = 31

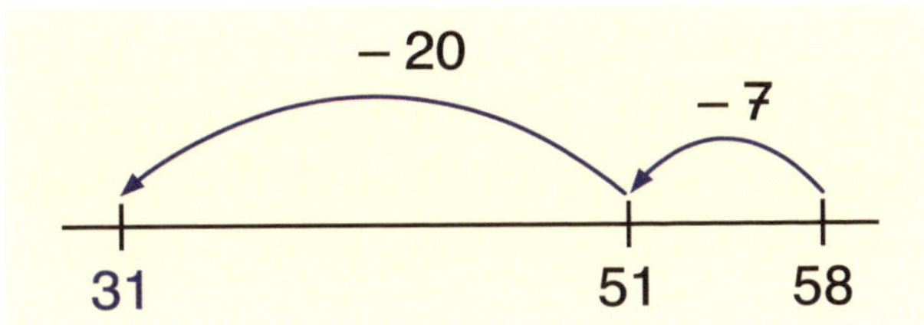

84 – 49 = 35

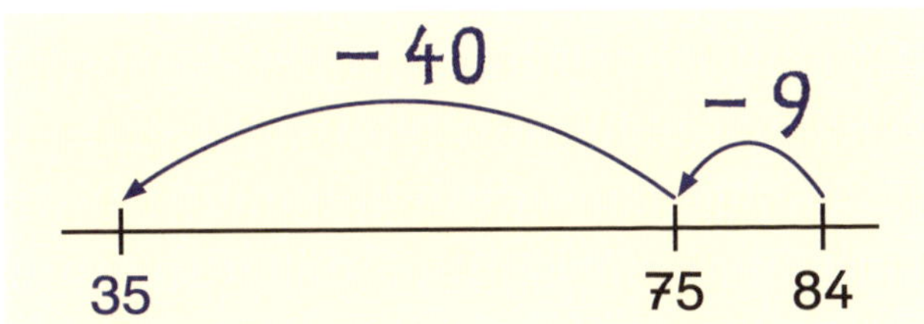

73 – 36 = 37

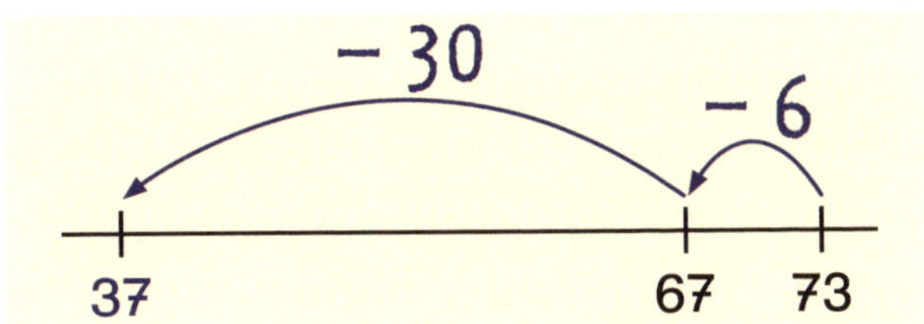

95 – 67 = 28

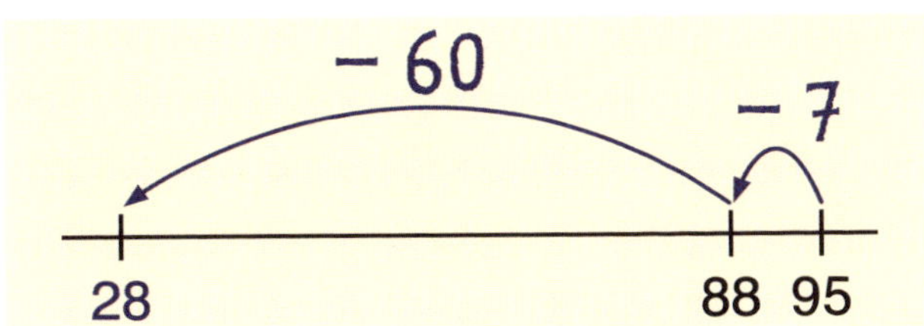

Üben 22 Fülle die Tabellen aus.

–	8	5	9	3	7	0
59	51					
36						
94						

–	12	36	30	17	24	39
40						
58						
84						
100						
76						
55						

Tabellen ergänzen

Lösung 22 Für jede richtige Zeile gibt es 2 Punkte.

–	8	5	9	3	7	0
59	51	54	50	56	52	59
36	28	31	27	33	29	36
94	86	89	85	91	87	94

–	12	36	30	17	24	39
40	28	4	10	23	16	1
58	46	22	28	41	34	19
84	72	48	54	67	60	45
100	88	64	70	83	76	61
76	64	40	46	59	52	37
55	43	19	25	38	31	16

Üben 23 Fülle die Rechenmauern aus.

100			
60			
50	10		
	0		

92				
	38			
	9			
		5		
			3	

Rechenmauern

Lösung 23 Für jede richtige Zahl gibt es 1 Punkt.

100
60 | 40
50 | 10 | 30
50 | 0 | 10 | 20

92
54 | 38
45 | 9 | 29
41 | 4 | 5 | 24
39 | 2 | 2 | 3 | 21

Üben 24 Rechne aus und setze das passende Zeichen ein: <, > oder =.

98 – 17	>	18
65 – 33		42
73 – 48		25
84 – 37		47

52 – 41		19
89 – 37		25
43 – 26		17
77 – 39		39

94 – 67		27 – 0
86 – 25		93 – 32
76 – 39		81 – 23
83 – 24		87 – 49
62 – 16		75 – 18
41 – 32		55 – 46

Ergebnisse vergleichen

Lösung 24 Für jedes richtige Zeichen gibt es 1 Punkt.

98 – 17 > 18
65 – 33 < 42
73 – 48 = 25
84 – 37 = 47

52 – 41 < 19
89 – 37 > 25
43 – 26 = 17
77 – 39 < 39

94 – 67 = 27 – 0
86 – 25 = 93 – 32
76 – 39 < 81 – 23
83 – 24 > 87 – 49
62 – 16 < 75 – 18
41 – 32 = 55 – 46

Üben 25 Löse die Rechenketten.

100	– 20	80	– 13		– 35	
86	– 14		– 30		– 19	
78	– 27		– 18		– 29	
89	– 34		– 25		– 17	
94	– 38		– 12		– 26	
67	– 29		– 19		– 12	

Rechenketten

Lösung 25 Für jede richtige Zahl gibt es 1 Punkt.

100 – (– 20) – 80 – (– 13) – 67 – (– 35) – 32

86 – (– 14) – 72 – (– 30) – 42 – (– 19) – 23

78 – (– 27) – 51 – (– 18) – 33 – (– 29) – 4

89 – (– 34) – 55 – (– 25) – 30 – (– 17) – 13

94 – (– 38) – 56 – (– 12) – 44 – (– 26) – 18

67 – (– 29) – 38 – (– 19) – 19 – (– 12) – 7

Üben 25 Punkte

Üben 26 Heute sind 63 Kinder zum Basketballtraining gekommen. Davon sind 42 Jungen.

Frage: Wie viele Mädchen sind im Training?

Rechnung:

Antwort: ....

Üben 27 57 Schüler gehen in die Klasse 2a und 2b. 29 Schüler sind in der Klasse 2b.

Frage: Wie viele Schüler sind in der Klasse 2a?

Rechnung:

Antwort: ....

Sachaufgaben

Lösung 26 Für die richtige Rechnung gibt es 2 Punkte.
Für die richtige Antwort gibt es 1 Punkt.

Frage: Wie viele Mädchen sind im Training?
Rechnung: 63 – 42 = 21
Antwort: Es sind 21 Mädchen im Training.

Lösung 27 Für die richtige Rechnung gibt es 2 Punkte.
Für die richtige Antwort gibt es 1 Punkt.

Frage: Wie viele Schüler sind in der Klasse 2a?
Rechnung: 57 – 29 = 28
Antwort: In der Klasse 2a sind 28 Schüler.

Üben 28 Rechne vorteilhaft.

25 + 9 = 34
25 + 10 − 1 = 34

36 + 19 = ...
36 + 20 − 1 = ...

47 + 29 = ...
47 + ... − ..... = ...

54 + 39 = ...
54 + ... − ..... = ...

45 − 9 = ...
45 − 10 + 1 = ...

73 − 19 = ...
73 − 20 + 1 = ...

66 − 49 = ...
66 − ..... + ... = ...

94 − 69 = ...
94 − ..... + ... = ...

Vorteilhaft rechnen

Lösung 28 Für jede richtige Aufgabe gibt es 1 Punkt.

25 + 9 = 34	36 + 19 = 55
25 + 10 – 1 = 34	36 + 20 – 1 = 55
47 + 29 = 76	54 + 39 = 93
47 + 30 – 1 = 76	54 + 40 – 1 = 93
45 – 9 = 36	73 – 19 = 54
45 – 10 + 1 = 36	73 – 20 + 1 = 54
66 – 49 = 17	94 – 69 = 25
66 – 50 + 1 = 17	94 – 70 + 1 = 25

TIPP

Wenn eine Zahl in der Nähe einer Zehnerzahl liegt, kannst du vorteilhaft rechnen.

Üben 29 Schreibe die passende Umkehraufgabe (U) und rechne.

11 + 15 = 26
U: 26 – 15 = 11

14 + 66 = ...
U: ...... – 66 = ...

44 + 19 = ...
U: ...... – ...... = ...

27 + 16 = ...
U: ...... ◯ ...... = ...

28 + 57 = ...
U: ...... ◯ ...... = ...

13 + 34 = ...
U: ...... ◯ ...... = ...

72 – 17 = ...
U: ...... + ... = ...

61 – 9 = ...
U: ...... ◯ ...... = ...

99 – 86 = ...
U: ...... ◯ ...... = ...

100 – 11 = ...
U: ...... ◯ ...... = ...

Umkehraufgaben

Lösung 29 Für jede richtige Aufgabe und Umkehraufgabe gibt es je 1 Punkt.

11 + 5 = 16
U: 16 − 5 = 11

14 + 66 = 80
U: 80 − 66 = 14

44 + 19 = 63
U: 63 − 19 = 44

27 + 16 = 43
U: 43 − 16 = 27

28 + 57 = 85
U: 85 − 57 = 28

13 + 34 = 47
U: 47 − 34 = 13

72 − 17 = 55
U: 55 + 17 = 72

61 − 9 = 52
U: 52 + 9 = 61

99 − 86 = 13
U: 13 + 86 = 99

100 − 11 = 89
U: 89 + 11 = 100

Üben **30** Fülle die Tabellen aus.

+	18	43	9			25
38	56			64		
17						
		95				
21					57	
						79

−	39	17				48
64	25			36		
90			45			
	46					
						18
77					50	

Tabellen ergänzen

Lösung 30 Für jede richtige Zeile gibt es 2 Punkte.

+	18	43	9	26	36	25
38	56	81	47	64	74	63
17	35	60	26	43	53	42
21	70	95	61	78	88	77
52	39	64	30	47	57	46
54	72	97	63	80	90	79

–	39	17	45	28	27	48
64	25	47	19	36	37	16
90	51	73	45	62	63	42
85	46	68	40	57	58	37
66	27	49	21	38	39	18
77	38	60	32	49	50	29

Üben 30 Punkte

Üben 31 Fülle die Rechenhäuser aus. Denke an die Umkehraufgabe!

50	
	23
36	
	18
	25

100	
67	
24	
	83
72	

77	
	50
	18
29	
37	

94	
88	
	36
	42
57	

Rechenhäuser

Lösung 31 Für jede richtige Zahl gibt es 1 Punkt.

50	
27	23
36	14
32	18
25	25

100	
67	33
24	76
17	83
72	28

77	
27	50
59	18
29	48
37	40

94	
88	6
58	36
52	42
57	37

Üben 32 Setze die Zahlen richtig ein.

	_	
_	28	
16	15	13

~~28~~ 31 59

Üben 33 Fülle die Rechenmauer aus.

	89		
_	44		
_	_	19	
_	7	_	_

Rechenmauern

Lösung 32 Für jede richtige Zahl gibt es 1 Punkt.

	59	
31		28
16	15	13

Lösung 33 Für jede richtige Zahl gibt es 1 Punkt.

	89		
	45	44	
20	25	19	
13	7	18	1

TIPP

Denke an die Umkehraufgabe:

...... + 19 = 44   44 – 19 = 25

Üben 34 Trage die fehlenden Zahlen ein.

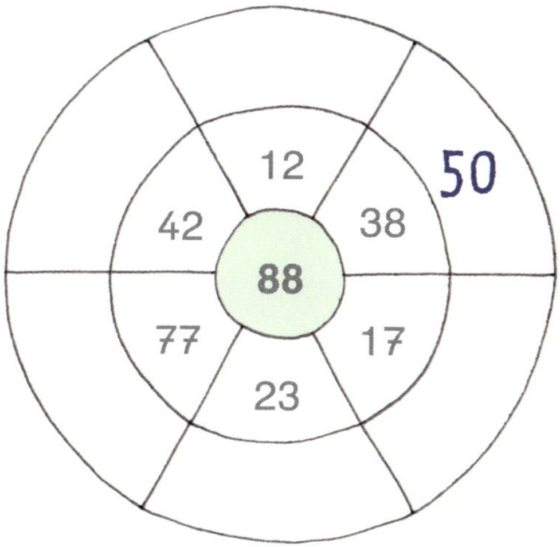

Rechenräder

Lösung 34 Für jede richtige Zahl gibt es 1 Punkt.

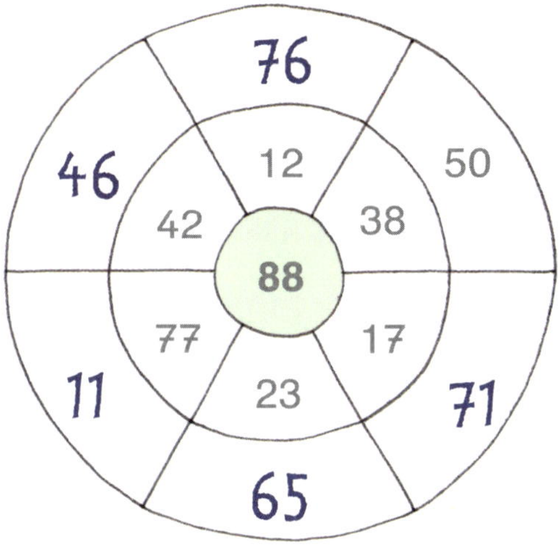

Üben 35 Setze die Zahlenfolgen fort.

Regel: +13	16	29					
Regel: −8	64						
Regel: +7 −4	32	39	35				

Üben 36 Finde die Regel und setze die Zahlenfolgen fort.

Regel:	23	28	33				
Regel:	86	83	80				
Regel:	35	37	40	42	45		
Regel:	54	63	57	66			

Zahlenfolgen

Lösung 35 Für jede richtige Zahlenfolge gibt es 1 Punkt.

Regel: + 13	16	29	42	55	68	81	94
Regel: – 8	64	56	48	40	32	24	16
Regel: + 7 – 4	32	39	35	42	38	45	41

Lösung 36 Für jede richtige Regel gibt es 1 Punkt.
Für jede richtige Zahlenfolge gibt es auch 1 Punkt.

Regel: + 5	23	28	33	38	43	48	53
Regel: – 3	86	83	80	77	74	71	68
Regel: + 2 + 3	35	37	40	42	45	47	50
Regel: + 9 – 6	54	63	57	66	60	69	63

TIPP

So kannst du die Regel finden: Rechne den Unterschied zwischen zwei aufeinanderfolgenden Zahlen aus.

Üben 37 Ergänze das Zauberquadrat.

18		
21		9
6	27	

Zauberzahl: 45

Üben 38 Finde die Zauberzahl und ergänze das Zauberquadrat.

22		50
	32	
		42

Zauberzahl:

Zauberquadrate

Lösung 37 Für jede richtige Zahl gibt es 1 Punkt.

18	3	24
21	15	9
6	27	12

Lösung 38 Für jede richtige Zahl im Zauberquadrat gibt es 1 Punkt. Für die richtige Zauberzahl gibt es auch 1 Punkt.

22	24	50
60	32	4
14	40	42

Üben 39 Trage die gesuchte Zahl ein.

Wenn ich zu meiner Zahl 27 addiere, erhalte ich 59.

Meine Zahl heißt ___.

Ich erhalte die Zahl 83, wenn ich zu meiner Zahl 47 addiere.

Meine Zahl heißt ___.

Wenn ich von meiner Zahl 39 subtrahiere, erhalte ich 61.

Meine Zahl heißt ___.

Zahlenrätsel

Lösung 39 Für jedes richtige Ergebnis gibt es 1 Punkt.

1. Sprechblase: 32 + 27 = 59 (oder: 59 – 27 = 32)
Meine Zahl heißt 32.

2. Sprechblase: 36 + 47 = 83 (oder: 83 – 47 = 36)
Meine Zahl heißt 36.

3. Sprechblase: 100 – 39 = 61 (oder: 61 + 39 = 100)
Meine Zahl heißt 100.

TIPP

Bei Zahlenrätseln ist es manchmal leichter, mit dem Endergebnis zu beginnen. Dann musst du aber die Rechenzeichen umkehren.
Aus + wird hier – und aus – wird +.

Üben 40 Paul schenkt seinem Freund 28 Murmeln. Jetzt hat Paul nur noch 43 Murmeln.

Frage: Wie viele Murmeln hatte er?

Rechnung:

Antwort: ....

Üben 41 Lottas Buch hat 96 Seiten. Sie will es zu Ende lesen. 62 Seiten hat sie schon gelesen.

Frage: Wie viele Seiten muss sie noch lesen?

Rechnung:

Antwort: ....

Sachaufgaben

Lösung 40 Für die richtige Rechnung gibt es 2 Punkte.
Für die richtige Antwort gibt es 1 Punkt.

Frage: Wie viele Murmeln hatte er?
Rechnung: 43 + 28 = 71
Antwort: Paul hatte 71 Murmeln.

Lösung 41 Für die richtige Rechnung gibt es 2 Punkte.
Für die richtige Antwort gibt es 1 Punkt.

Frage: Wie viele Seiten muss sie noch lesen?
Rechnung: 96 – 62 = 34
Antwort: Sie muss noch 34 Seiten lesen.

TIPP

Unterstreiche in Sachaufgaben wichtige Angaben, bevor du rechnest.

Üben 42 Verdopple, schreibe die Aufgabe als Plusaufgabe und als Malaufgabe und rechne.

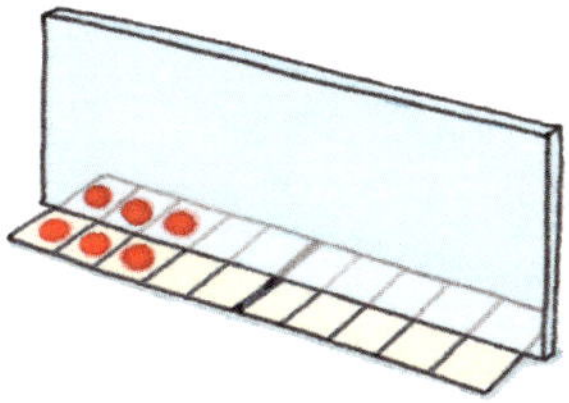

3 + 3 = 6

2 · 3 = 6

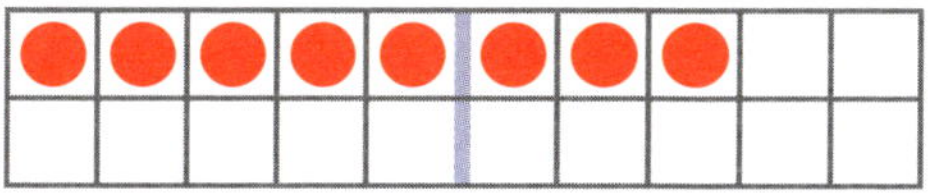

.... + ... = ...

.... · .... = ...

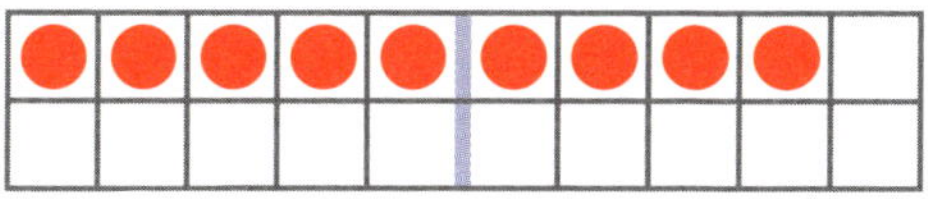

.... + ... = ...

.... · .... = ...

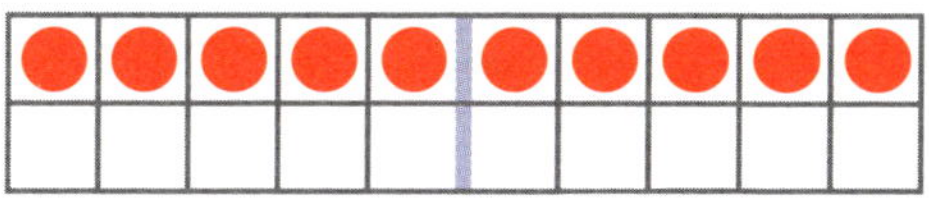

.... + ... = ...

.... · .... = ...

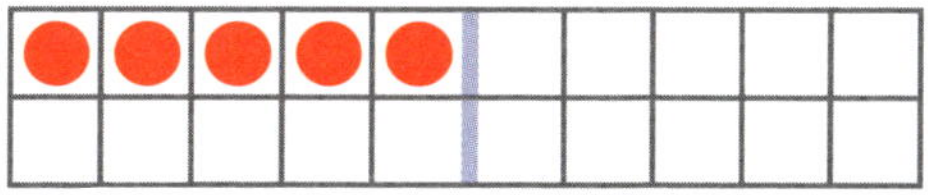

.... + ... = ...

.... · .... = ...

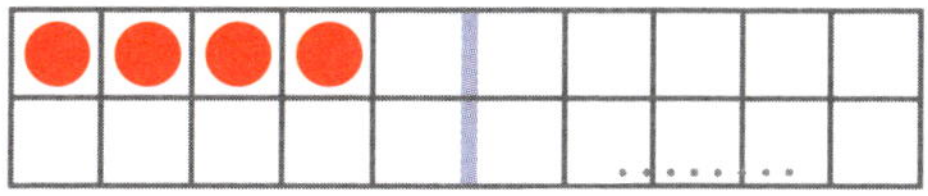

.... + ... = ...

.... · .... = ...

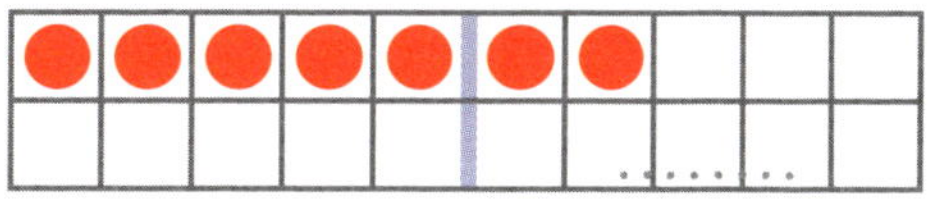

.... + ... = ...

.... · .... = ...

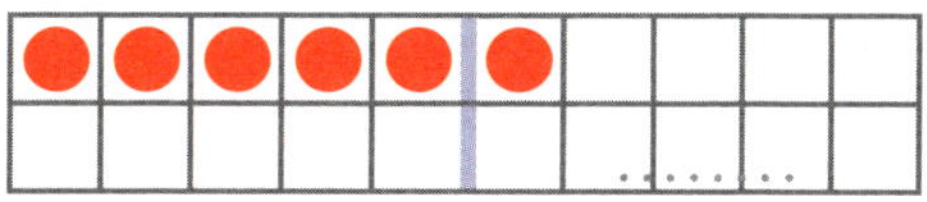

.... + ... = ...

.... · .... = ...

Durch Verdoppeln rechnen

Lösung 42 Für jede Plusaufgabe und jede Malaufgabe gibt es 1 Punkt.

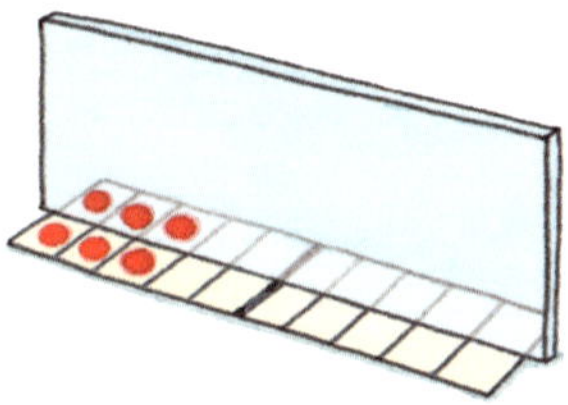

$3 + 3 = 6$
$2 \cdot 3 = 6$

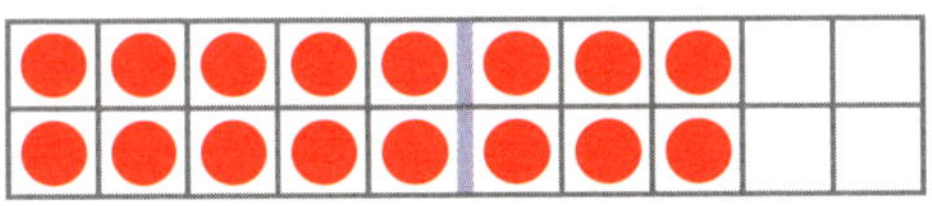

$8 + 8 = 16$
$2 \cdot 8 = 16$

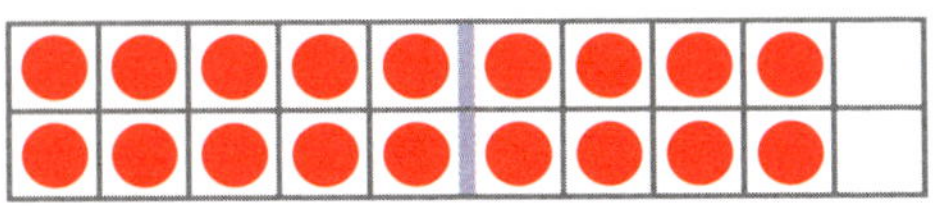

$9 + 9 = 18$
$2 \cdot 9 = 18$

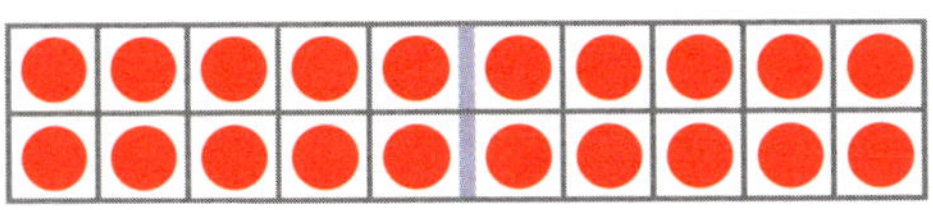

$10 + 10 = 20$
$2 \cdot 10 = 20$

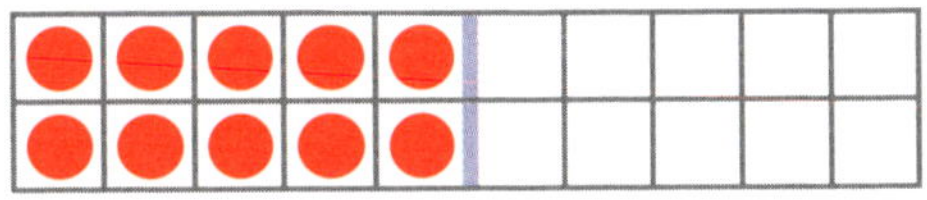

$5 + 5 = 10$
$2 \cdot 5 = 10$

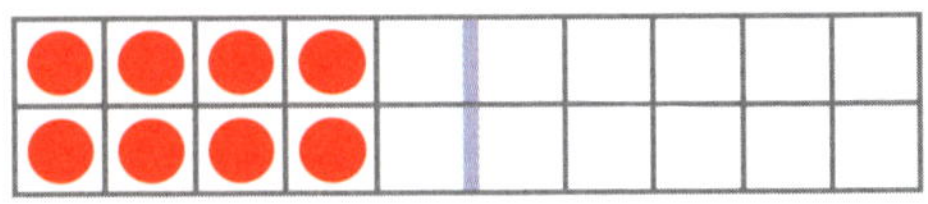

$4 + 4 = 8$
$2 \cdot 4 = 8$

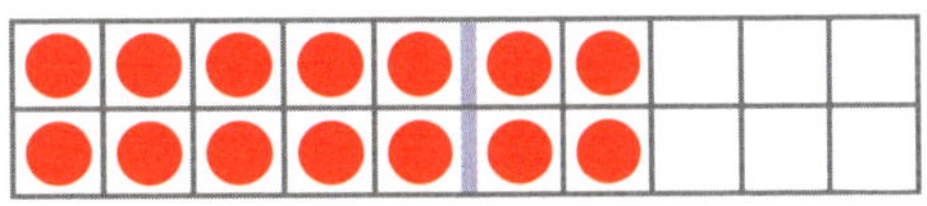

$7 + 7 = 14$
$2 \cdot 7 = 14$

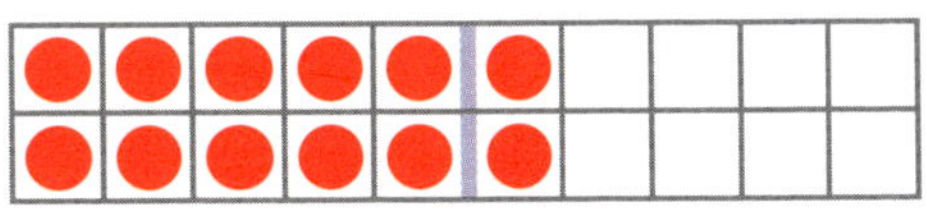

$6 + 6 = 12$
$2 \cdot 6 = 12$

Üben 43 Rechne die Plus- und die Malaufgabe.

4 + 4 + 4 = ...

3 · 4 = ...

2 + 2 + 2 + 2 + 2 = ...

5 · 2 = ...

Üben 44 Schreibe die Malaufgabe auf und rechne aus.

5 + 5 + 5 = ...

8 + 8 = ...

6 + 6 + 6 + 6 + 6 = ...

7 + 7 + 7 + 7 = ...

Von der Plusaufgabe zur Malaufgabe

Lösung 43 Für jedes richtige Paket aus Plus- und Malaufgabe gibt es 1 Punkt.

4 + 4 + 4 = 12	2 + 2 + 2 + 2 + 2 = 10
3 · 4 = 12	5 · 2 = 10

Lösung 44 Für jede richtige Malaufgabe gibt es 1 Punkt.

5 + 5 + 5 = 15	8 + 8 = 16
3 · 5 = 15	2 · 8 = 16
6 + 6 + 6 + 6 + 6 = 30	7 + 7 + 7 + 7 = 28
5 · 6 = 30	4 · 7 = 28

TIPP

Jede Malaufgabe ist eine verkürzte Plusaufgabe.

Üben 45 Zähle in Zweier-, Vierer- und Achterschritten und schreibe auf.

2 4 ....

4 ....

.... 40

8 ....

.... 80

Zweier-, Vierer- und Achterreihe des Einmaleins

Lösung 45 Für jede richtige Zahl gibt es 1 Punkt.

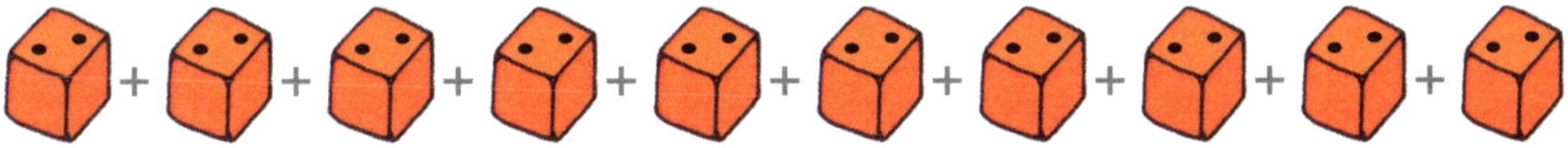

2 4 6 8 10 12 14 16 18 20

4 8 12 16 20

24 28 32 36 40

8 16 24 32 40

48 56 64 72 80

TIPP

Alle Ergebnisse der Zweierreihe sind gerade Zahlen, denn an der Einerstelle steht eine 0, 2, 4, 6 oder 8. Die Zweier-, Vierer- und Achterreihe sind verwandt.

Üben 46 Rechne die Dreier-, Sechser- und Neunerreihe des Einmaleins und fülle die Tabelle aus. Markiere alle gleichen Ergebnisse.

·	3	6	9
1	3	6	9
2	6		
3	9		
4			
5			
6			
7		42	63
8			
9			
10			

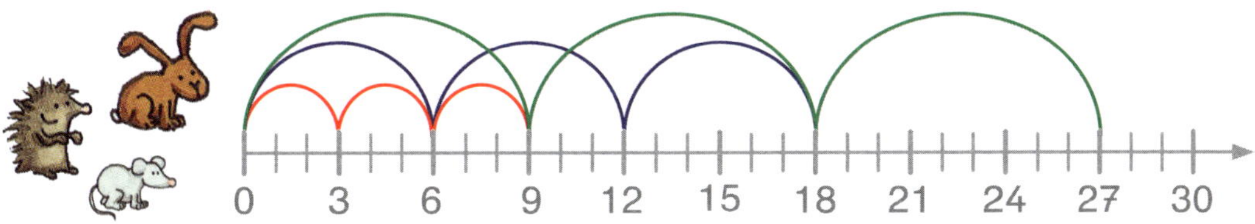

Dreier-, Sechser- und Neunerreihe des Einmaleins

Lösung 46 Für jede richtige Zahl gibt es 1 Punkt.

·	3	6	9
1	3	6	9
2	6	12	18
3	9	18	27
4	12	24	36
5	15	30	45
6	18	36	54
7	21	42	63
8	24	48	72
9	27	54	81
10	30	60	90

TIPP

Die Dreier-, Sechser- und Neunerreihe sind verwandt: „mal 6“ ist das Doppelte von „mal 3“ und 3 Dreierschritte sind 1 Neunerschritt.

Üben 47 Rechne die Malaufgaben aus der Einser- und der Zehnerreihe des Einmaleins. Was fällt dir auf?

1 · 1 = 1	1 · 10 = 10
3 · 1 = ...	3 · 10 = ...
5 · 1 = ...	5 · 10 = ...
8 · 1 = ...	8 · 10 = ...
10 · 1 = ...	10 · 10 = ...

Mir fällt auf, dass ....

....

Üben 48 Ergänze.

2 = 2 · 1	20 = 2 · 10
4 = ... · 1	40 = ... · 10
6 = ... ·	60 = ... · ......
9 = ... ·	90 = ... · ......

Einser- und Zehnerreihe des Einmaleins

Lösung 47 Für jede richtige Aufgabe und die richtige Antwort gibt es 1 Punkt.

$1 \cdot 1 = 1$	$1 \cdot 10 = 10$
$3 \cdot 1 = 3$	$3 \cdot 10 = 30$
$5 \cdot 1 = 5$	$5 \cdot 10 = 50$
$8 \cdot 1 = 8$	$8 \cdot 10 = 80$
$10 \cdot 1 = 10$	$10 \cdot 10 = 100$

Mir fällt auf, dass man bei Malaufgaben mit 10 beim Ergebnis einfach eine Null anhängen muss.

Lösung 48 Für jede richtige Aufgabe gibt es 1 Punkt.

$2 = 2 \cdot 1$	$20 = 2 \cdot 10$
$4 = 4 \cdot 1$	$40 = 4 \cdot 10$
$6 = 6 \cdot 1$	$60 = 6 \cdot 10$
$9 = 9 \cdot 1$	$90 = 9 \cdot 10$

Üben 49 Zeichne die passenden Türme und rechne.

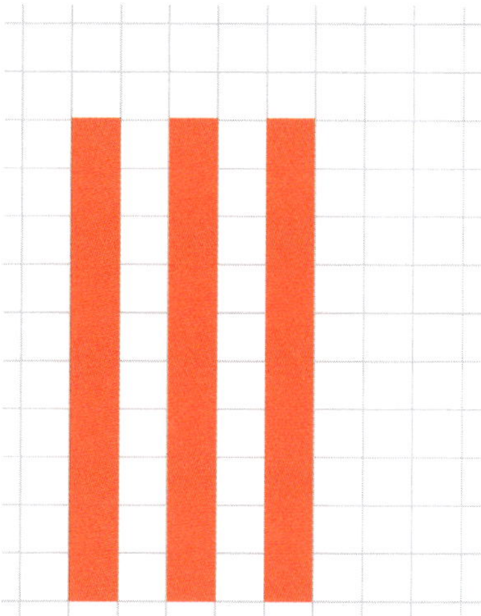

$3 \cdot 10 =$ 30

$3 \cdot 5 =$ ....

$5 \cdot 10 =$ ....

$5 \cdot 5 =$ ....

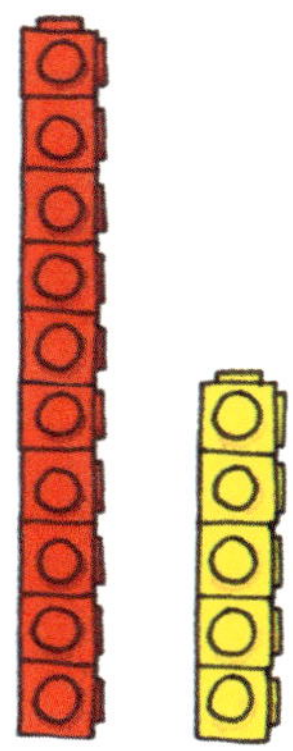

Fünfer- und Zehnerreihe des Einmaleins

Lösung 49 Für jedes richtige Bild gibt es 1 Punkt.

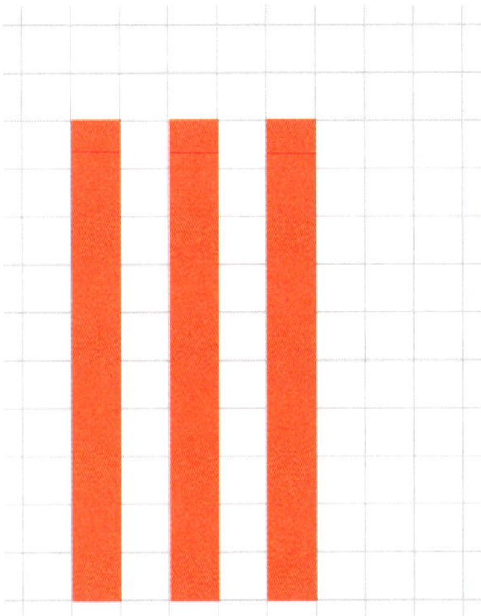

$3 \cdot 10 = 30$

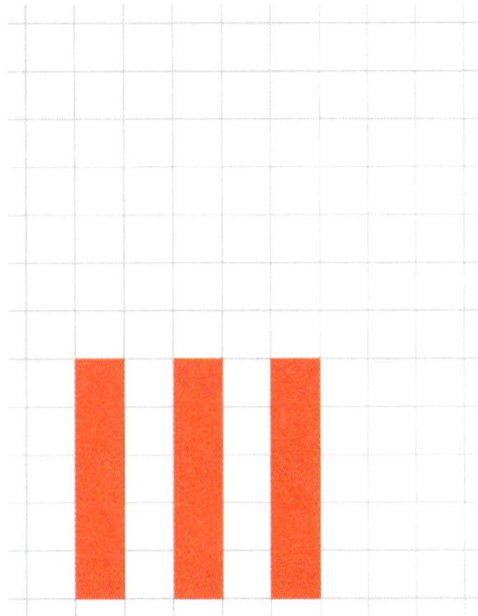

$3 \cdot 5 = 15$

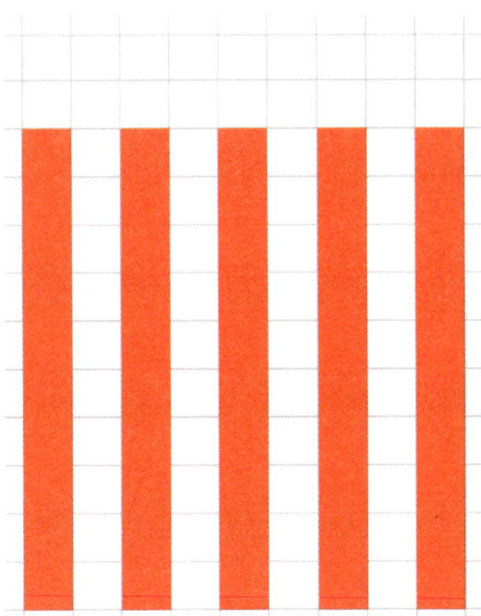

$5 \cdot 10 = 50$

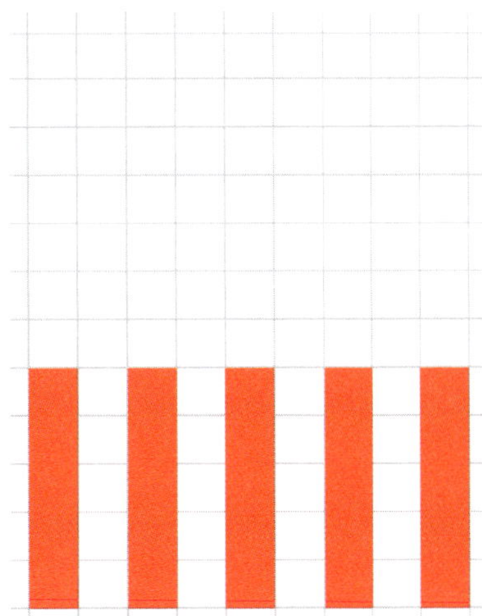

$5 \cdot 5 = 25$

Üben 50 Male Aufgabe und Ergebniszahl jeweils in derselben Farbe an.

$2 \cdot 7 =$ .... 56 $3 \cdot 7 =$ 28

49 $1 \cdot 7 =$ 7 70 $7 \cdot 7 =$ ....

$9 \cdot 7 =$ .... 35 14 $5 \cdot 7 =$ ....

$6 \cdot 7 =$ 21

$8 \cdot 7 =$ ....

42 $10 \cdot 7 =$ 63

$4 \cdot 7 =$ 7

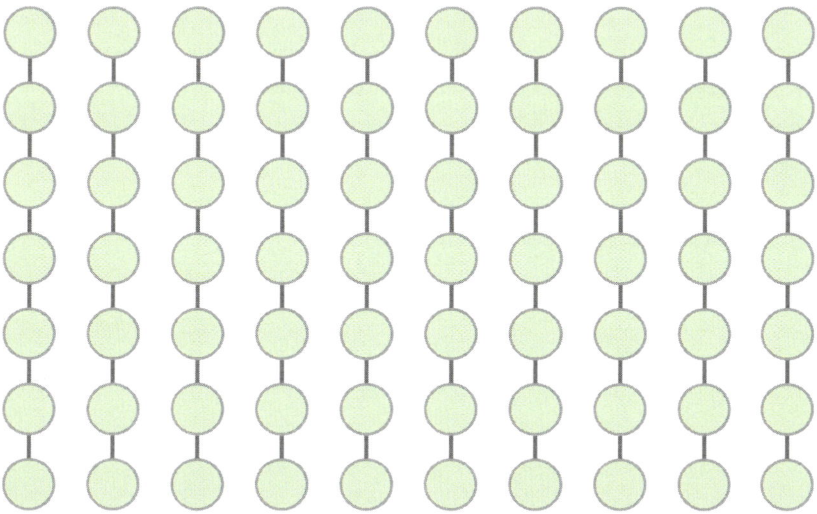

Siebenerreihe des Einmaleins

Lösung 50 Für jede richtige Lösung gibt es 1 Punkt.

$2 \cdot 7 = 14$ | 56 | $3 \cdot 7 = 21$ | 28

49 | $1 \cdot 7 = 7$ | 70 | $7 \cdot 7 = 49$

$9 \cdot 7 = 63$ | 35 | 14 | $5 \cdot 7 = 35$

$6 \cdot 7 = 42$ | 21

$8 \cdot 7 = 56$

42 | $10 \cdot 7 = 70$ | 63 | $4 \cdot 7 = 28$ | 7

Üben 51 Multipliziere von innen nach außen und ergänze die fehlenden Zahlen. Schreibe die passenden Rechnungen auf.

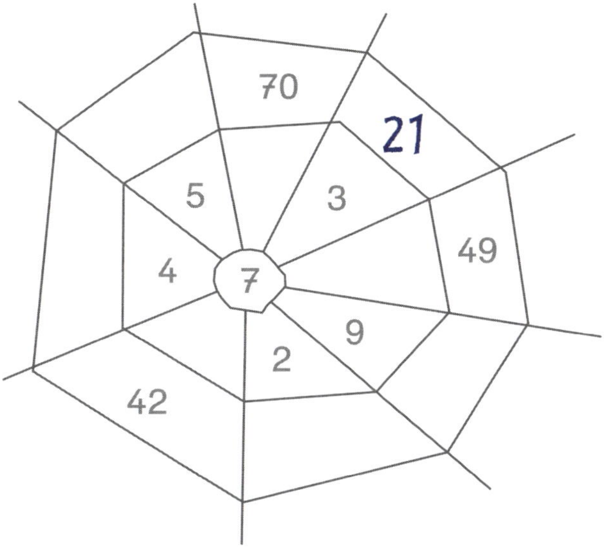

7 · 3 = 21	7 · ...... = 49	7 · 9 = ...
7 · 2 = ...	7 · ...... = 42	7 · 4 = ...
7 · 5 = ...	7 · ...... = 70	

Mit Sieben malnehmen

Lösung 51 Für jede richtige Rechnung gibt es 1 Punkt.

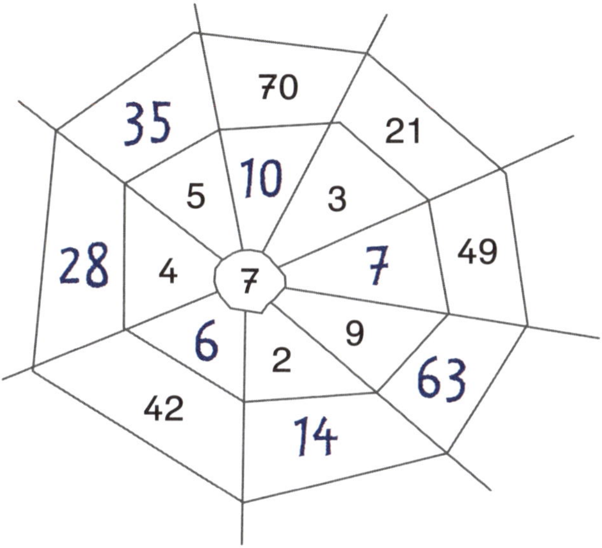

7 · 3 = 21	7 · 7 = 49	7 · 9 = 63
7 · 2 = 14	7 · 6 = 42	7 · 4 = 28
7 · 5 = 35	7 · 10 = 70	

Üben 52 Male Aufgabe, Tauschaufgabe und Ergebnis mit der gleichen Farbe an.

$5 \cdot 7$ | 20 | $10 \cdot 6$ | 35

$2 \cdot 8$ | $6 \cdot 10$ | 16

$5 \cdot 4$ | $8 \cdot 2$ | 60 | $4 \cdot 5$

$9 \cdot 2$ | $7 \cdot 5$ | 18 | $2 \cdot 9$

Üben 53 Schreibe die Tauschaufgabe und rechne aus.

$6 \cdot 5 =$ 5·6 = ... $4 \cdot 5 =$ .... = ...

$7 \cdot 2 =$ .... = ... $9 \cdot 1 =$ .... = ...

$3 \cdot 10 =$ .... = ... $8 \cdot 5 =$ .... = ...

Tauschaufgaben

Lösung 52 Für immer drei richtig eingefärbte Kärtchen gibt es 1 Punkt.

5 · 7 20 10 · 6 35

2 · 8 6 · 10 16

5 · 4 8 · 2 60 4 · 5

9 · 2 7 · 5 18 2 · 9

Lösung 53 Für jede richtige Aufgabe mit richtigem Ergebnis gibt es 1 Punkt.

6 · 5 = 5 · 6 = 30	4 · 5 = 5 · 4 = 20
7 · 2 = 2 · 7 = 14	9 · 1 = 1 · 9 = 9
3 · 10 = 10 · 3 = 30	8 · 5 = 5 · 8 = 40

Üben 54 Rechne die Kernaufgaben aus.

1 · 2 = ...	1 · 4 = ...
2 · 2 = ...	2 · 4 = ...
5 · 2 = ...	5 · 4 = ...
10 · 2 = ...	10 · 4 = ...

1 · 3 = ...	1 · 6 = ...
2 · 3 = ...	2 · 6 = ...
5 · 3 = ...	5 · 6 = ...
10 · 3 = ...	10 · 6 = ...

1 · 5 = ...	1 · 10 = ...
2 · 5 = ...	2 · 10 = ...
5 · 5 = ...	5 · 10 = ...
10 · 5 = ...	10 · 10 = ...

Lösung 54 Für jede richtige Aufgabengruppe gibt es 2 Punkte.

$1 \cdot 2 = 2$ $\quad$ $1 \cdot 4 = 4$

$2 \cdot 2 = 4$ $\quad$ $2 \cdot 4 = 8$

$5 \cdot 2 = 10$ $\quad$ $5 \cdot 4 = 20$

$10 \cdot 2 = 20$ $\quad$ $10 \cdot 4 = 40$

$1 \cdot 3 = 3$ $\quad$ $1 \cdot 6 = 6$

$2 \cdot 3 = 6$ $\quad$ $2 \cdot 6 = 12$

$5 \cdot 3 = 15$ $\quad$ $5 \cdot 6 = 30$

$10 \cdot 3 = 30$ $\quad$ $10 \cdot 6 = 60$

$1 \cdot 5 = 5$ $\quad$ $1 \cdot 10 = 10$

$2 \cdot 5 = 10$ $\quad$ $2 \cdot 10 = 20$

$5 \cdot 5 = 25$ $\quad$ $5 \cdot 10 = 50$

$10 \cdot 5 = 50$ $\quad$ $10 \cdot 10 = 100$

Üben 54 ☐ Punkte

Üben 55 Rechne mit den Kernaufgaben.

$4 \cdot 3 =$ 12

$2 \cdot 3 =$ 6 | $2 \cdot 3 =$ 6

$4 \cdot 3 =$ ……

$5 \cdot 3 =$ …… | $1 \cdot 3 =$ ……

$3 \cdot 6 =$ ……

$2 \cdot 6 =$ …… | $1 \cdot 6 =$ ……

$9 \cdot 7 =$ ……

$10 \cdot 7 =$ …… | $1 \cdot 7 =$ ……

$6 \cdot 9 =$ ……

$5 \cdot 9 =$ …… | $1 \cdot 9 =$ ……

$6 \cdot 7 =$ ……

______ | ______

$9 \cdot 8 =$ ……

______ | ______

Mit Kernaufgaben rechnen

Lösung 55 Für jede richtige Gruppe gibt es 1 Punkt.

$4 \cdot 3 = 12$

$2 \cdot 3 = 6$ | $2 \cdot 3 = 6$

$4 \cdot 3 = 12$

$5 \cdot 3 = 15$ | $1 \cdot 3 = 3$

$3 \cdot 6 = 18$

$2 \cdot 6 = 12$ | $1 \cdot 6 = 6$

$9 \cdot 7 = 63$

$10 \cdot 7 = 70$ | $1 \cdot 7 = 7$

$6 \cdot 9 = 54$

$5 \cdot 9 = 45$ | $1 \cdot 9 = 9$

$6 \cdot 7 = 42$

$5 \cdot 6 = 30$ | $2 \cdot 6 = 12$

$9 \cdot 8 = 72$

$10 \cdot 8 = 80$ | $1 \cdot 8 = 8$

TIPP

Aus den Kernaufgaben kannst du alle anderen Aufgaben einer Einmaleinsreihe ableiten.

Üben 56 Löse die Tabellen. Was fällt dir auf?

·	3	6
1		
2		
5		
10		

Mir fällt auf: ....

....

....

....

....

·	2	4
1		
2		
5		
10		

Mir fällt auf: ....

....

....

....

....

Tabellen ergänzen

Lösung 56 Für jede richtige Zeile gibt es 1 Punkt. Für jede richtige Aussage gibt es auch 1 Punkt.

·	3	6
1	3	6
2	6	12
5	15	30
10	30	60

Mir fällt auf: Die Ergebnisse der 6er-Reihe sind immer das Doppelte der Ergebnisse der 3er-Reihe.

·	2	4
1	2	4
2	4	8
5	10	20
10	20	40

Mir fällt auf: Die Ergebnisse der 4er-Reihe sind immer das Doppelte der Ergebnisse der 2er-Reihe.

Üben 57 Wie viele Aufgaben schaffst du in 5 Minuten?

2 · 7 = 14
3 · 8 = ...
1 · 3 = ...
9 · 7 = ...
9 · 5 = ...
2 · 1 = ...
2 · 5 = ...

3 · 4 = ...
9 · 6 = ...
5 · 5 = ...
3 · 9 = ...
4 · 4 = ...
3 · 2 = ...
10 · 10 = ...

7 · 8 + 3 = ...
9 · 2 + 2 = ...
2 · 10 + 80 = ...
8 · 2 – 10 = ...
1 · 1 + 99 = ...

9 · 8 + 5 = ...
4 · 5 + 22 = ...
6 · 7 – 2 = ...
4 · 9 – 9 = ...
8 · 8 – 14 = ...

Schnell rechnen

Lösung 57 Für jede richtige Aufgabe gibt es 1 Punkt.

2 · 7 = 14	3 · 4 = 12
3 · 8 = 24	9 · 6 = 54
1 · 3 = 3	5 · 5 = 25
9 · 7 = 63	3 · 9 = 27
9 · 5 = 45	4 · 4 = 16
2 · 1 = 2	3 · 2 = 6
2 · 5 = 10	10 · 10 = 100

7 · 8 + 3 = 59	9 · 8 + 5 = 77
9 · 2 + 2 = 20	4 · 5 + 22 = 42
2 · 10 + 80 = 100	6 · 7 − 2 = 40
8 · 2 − 10 = 6	4 · 9 − 9 = 27
1 · 1 + 99 = 100	8 · 8 − 14 = 50

Üben 58 Male in der gleichen Farbe an. Immer 3 Felder gehören zusammen: Plusaufgabe, Malaufgabe und das Ergebnis.

7 + 7 + 7	8 · 8	80	3 + 3 + 3	3 · 1
8 · 10	2 + 2 + 2 + 2 + 2 + 2 + 2	3 · 7	64	
5 + 5 + 5 + 5 + 5	3	4 · 6	16	3 · 3
7 · 2	21	10 + 10 + 10 + 10 +10 +10 + 10 + 10		
5 · 5	9	4 + 4 + 4 + 4	25	24
8 + 8 + 8 + 8 + 8 + 8 + 8 + 8	4 · 4	1 + 1 + 1		
14	6 + 6 + 6 + 6			

Verwandte Aufgaben und Ergebnisse finden

Lösung 58 Für jede richtige Zuordnung gibt es 1 Punkt.

7 + 7 + 7 | 8 · 8 | 80 | 3 + 3 + 3 | 3 · 1

8 · 10 | 2 + 2 + 2 + 2 + 2 + 2 + 2 | 3 · 7 | 64

5 + 5 + 5 + 5 + 5 | 3 | 4 · 6 | 16 | 3 · 3

7 · 2 | 21 | 10 + 10 + 10 + 10 +10 +10 + 10 + 10

5 · 5 | 9 | 4 + 4 + 4 + 4 | 25 | 24

8 + 8 + 8 + 8 + 8 + 8 + 8 + 8 | 4 · 4 | 1 + 1 + 1

14 | 6 + 6 + 6 + 6

Üben 59 In der Klasse 2c stehen 5 Gruppentische. An jedem Gruppentisch arbeiten 4 Kinder.

Frage: Wie viele Schüler sind in der Klasse?

Rechnung:

Antwort: ....

Üben 60 In der Turnhalle liegen 8 Reifen. In jedem Reifen stehen 3 Kinder.

Frage: Wie viele Kinder sind es zusammen?

Rechnung:

Antwort: ....

Lösung 59 Für die richtige Rechnung gibt es 2 Punkte.
Für die richtige Antwort gibt es 1 Punkt.

Frage: Wie viele Schüler sind in der Klasse?
Rechnung: $5 \cdot 4 = 20$
Antwort: In der Klasse 2c sind 20 Schüler.

Lösung 60 Für die richtige Rechnung gibt es 2 Punkte.
Für die richtige Antwort gibt es 1 Punkt.

Frage: Wie viele Kinder sind es zusammen?
Rechnung: $8 \cdot 3 = 24$
Antwort: Es sind zusammen 24 Kinder.

Üben 61 Kreise ein und schreibe die Malaufgabe daneben.

Immer 4

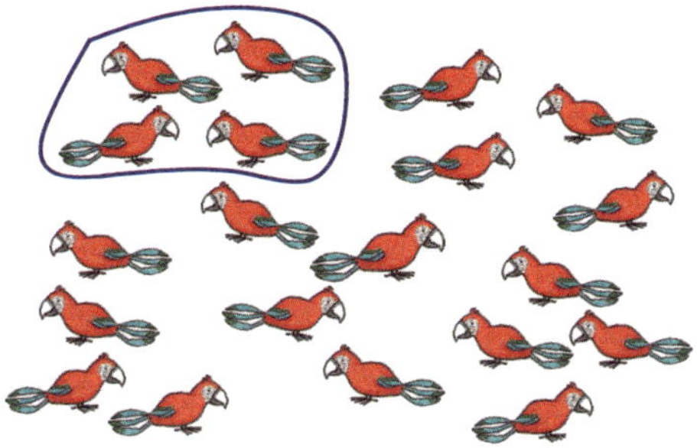

5 · 4 = ...

Immer 3

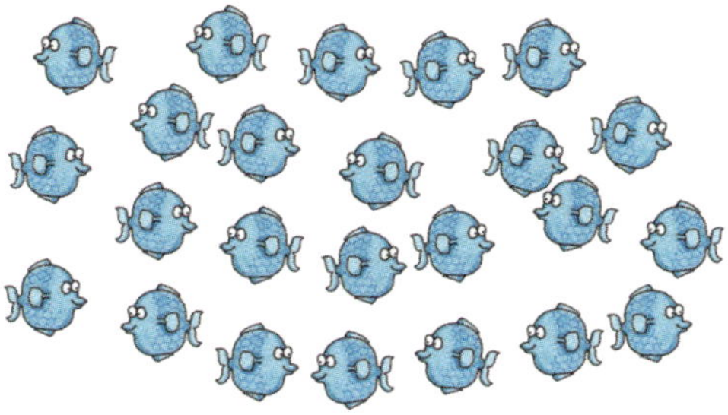

...... · 3 = ...

Immer 6

...... · ...... = ...

Malaufgaben bilden

Lösung 61 Für jede richtige Rechnung gibt es 2 Punkte.

Immer 4

$5 \cdot 4 = 20$

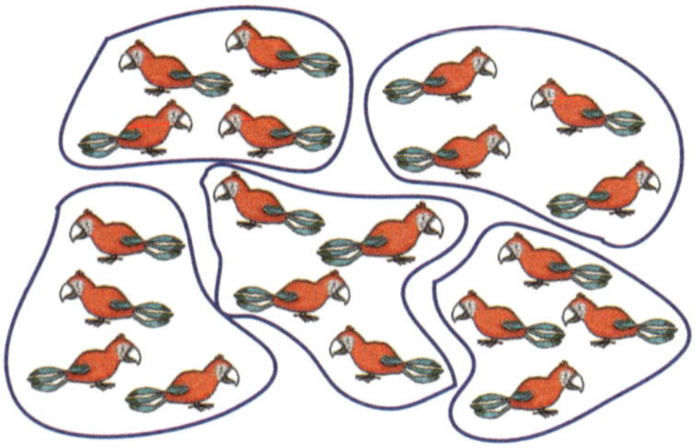

Immer 3

$8 \cdot 3 = 24$

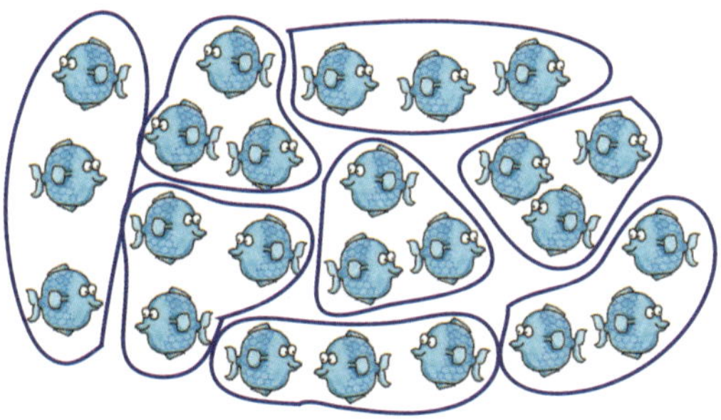

Immer 6

$5 \cdot 6 = 30$

Üben 62 Kreise ein und rechne.

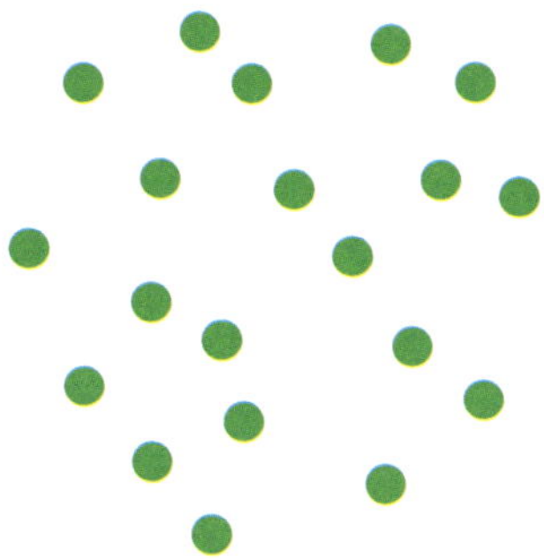

20 : 5 = ☐,

denn .... · 5 = ...

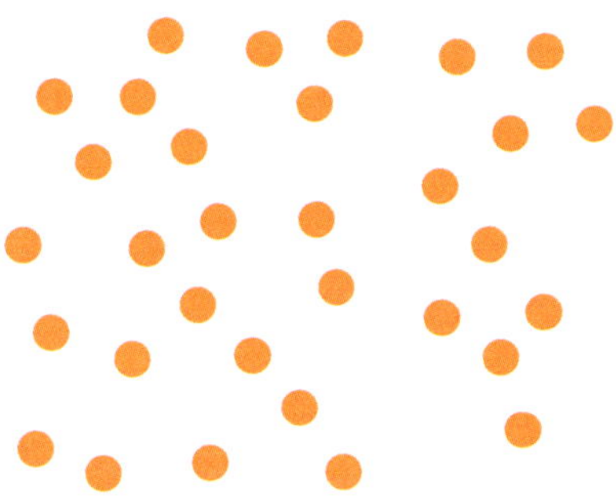

32 : 8 = ☐,

denn .... · .... = ...

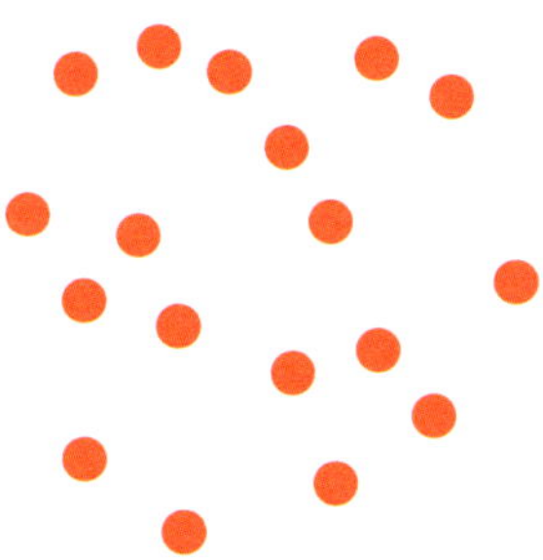

18 : 3 = ☐,

denn .... · .... = ...

Aufteilen

Lösung 62 Für jede richtige Aufgabe gibt es 1 Punkt.

20 : 5 = 4,
denn 4 · 5 = 20

32 : 8 = 4,
denn 4 · 8 = 32

18 : 3 = 6,
denn 6 · 3 = 18

TIPP

Zu jeder Geteiltaufgabe (Divisionsaufgabe) gehört eine Malaufgabe (Multiplikationsaufgabe), die Umkehr- oder Probeaufgabe.

21 : 7 = 3, denn 3 · 7 = 21

Üben 63 Verteile immer 18 Plättchen. Male in die Felder jeweils gleich viele Plättchen. Schreibe das Ergebnis und kontrolliere mit der Probeaufgabe.

18 : 2 = ...,

denn ....

18 : 3 = ...,

denn ....

18 : 6 = ...,

denn ....

Verteilen

Lösung 63 Für jede richtige Aufgabe gibt es 1 Punkt.

18 : 2 = 9,
denn 9 · 2 = 18

18 : 3 = 6,
denn 6 · 3 = 18

18 : 6 = 3,
denn 3 · 6 = 18

TIPP

Kontrolliere beim Rechnen von Geteiltaufgaben (Divisionsaufgaben) immer mit der Umkehr- oder Probeaufgabe!

Üben 64 Verbinde Geteiltaufgabe und passende Probeaufgabe. Rechne aus.

30 : 5 = ...6...	.... · 2 = 18
90 : 10 = ...	.... · 9 = 45
16 : 2 = ...	.... · 3 = 24
35 : 7 = ...	.... · 8 = 40
40 : 8 = ...	.... · 7 = 35
18 : 2 = ...	.... · 10 = 90
24 : 3 = ...	.... · 2 = 16
45 : 9 = ...	...6... · 5 = 30
42 : 6 = ...	.... · 7 = 63
63 : 7 = ...	.... · 6 = 42

Probeaufgaben

Lösung 64 Für jede richtige Verbindung mit richtigen Ergebnissen gibt es 1 Punkt.

30 : 5 = 6	9 · 2 = 18
90 : 10 = 9	5 · 9 = 45
16 : 2 = 8	8 · 3 = 24
35 : 7 = 5	5 · 8 = 40
40 : 8 = 5	5 · 7 = 35
18 : 2 = 9	9 · 10 = 90
24 : 3 = 8	8 · 2 = 16
45 : 9 = 5	6 · 5 = 30
42 : 6 = 7	9 · 7 = 63
63 : 7 = 9	7 · 6 = 42

Üben 65 Schreibe alle Mal- und Geteiltaufgaben.

$7 \cdot 9 = 63$

$9 \cdot 7 = 63$

$63 : 7 = 9$

$63 : 9 = 7$

Verwandte Aufgaben

Lösung 65 Für jede richtige Aufgabe gibt es 1 Punkt.

$7 \cdot 9 = 63$

$9 \cdot 7 = 63$

$63 : 7 = 9$

$63 : 9 = 7$

$7 \cdot 3 = 21$

$3 \cdot 7 = 21$

$21 : 7 = 3$

$21 : 3 = 7$

$6 \cdot 8 = 48$

$8 \cdot 6 = 48$

$48 : 6 = 8$

$48 : 8 = 6$

66 Bilde mit den Zahlen im Dach zwei Malaufgaben und zwei Geteiltaufgaben. Rechne alle Aufgaben aus.

Mal- und Geteiltaufgaben

Lösung 66 Für jede richtige Aufgabe gibt es 1 Punkt.

60	
6	10
6 · 10	= 60
10 · 6	= 60
60 : 6	= 10
60 : 10	= 6

56	
8	7
8 · 7	= 56
7 · 8	= 56
56 : 8	= 7
56 : 7	= 8

35	
5	7
5 · 7	= 35
7 · 5	= 35
35 : 5	= 7
35 : 7	= 5

72	
9	8
9 · 8	= 72
8 · 9	= 72
72 : 9	= 8
72 : 8	= 9

Üben 67 In wie viele gleiche Teile kannst du jeweils aufteilen?

12 Muffins:

12 Teile, 6 Teile,
4 Teile, 3 Teile,
2 Teile, 1 Teil

20 Bausteine:

.... Teile, ... Teile,
.... Teile, ... Teile,
.... Teile, ... Teil

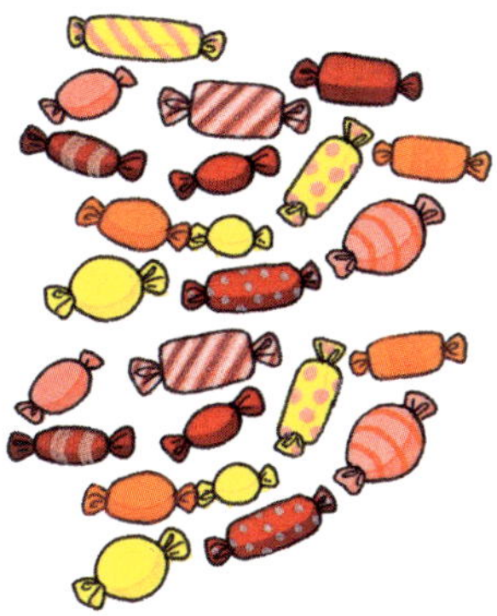

24 Bonbons:

.... Teile, ... Teile,
.... Teile, ... Teile,
.... Teile, ... Teile,
.... Teile, ... Teil

Verschiedene Teiler

Lösung 67 Für jede richtige Zahl gibt es 1 Punkt.

12 Muffins:
12 Teile, 6 Teile,
4 Teile, 3 Teile,
2 Teile, 1 Teil

20 Bausteine:
20 Teile, 10 Teile,
5 Teile, 4 Teile,
2 Teile, 1 Teil

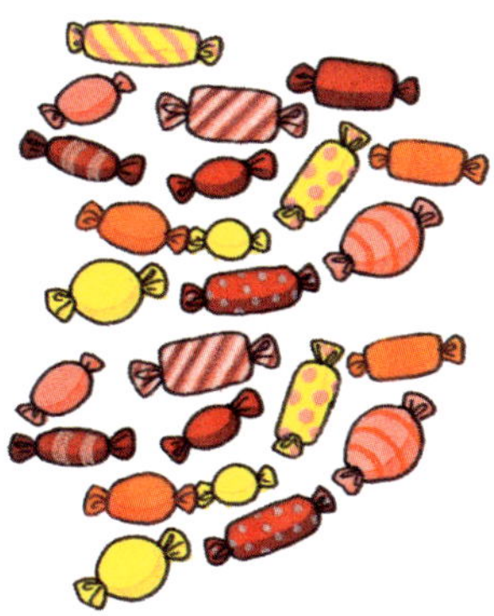

24 Bonbons:
24 Teile, 12 Teile,
8 Teile, 6 Teile,
4 Teile, 3 Teile,
2 Teile, 1 Teil

Üben 68 Teile auf. Welcher Rest bleibt übrig?

Für jedes Kind 3 Bälle

13 : 3 = 4 Rest 1

denn: 4 · 3 + 1 = 13

Für jedes Kind 5 Bonbons

.... : .... = ... Rest ....

denn: .... · .... + ... = ...

Für jedes Kind 2 Bananen

.... : .... = ... Rest ....

denn: .... · .... + ... = ...

Teilen mit Rest

Lösung 68 Für jede richtige Rechnung gibt es 1 Punkt.

Für jedes Kind 3 Bälle

13 : 3 = 4 Rest 1

denn: 4 · 3 + 1 = 13

Für jedes Kind 5 Bonbons

18 : 5 = 3 Rest 3

denn: 3 · 5 + 3 = 18

Für jedes Kind 2 Bananen

7 : 2 = 3 Rest 1

denn: 3 · 2 + 1 = 7

Üben 69 Löse die Zahlenrätsel.

Ich denke mir eine Zahl,
multipliziere sie mit 3,
addiere 6 und erhalte 30.

Meine Zahl heißt: ....

Wenn ich von meiner Zahl
12 subtrahiere und durch
8 dividiere, erhalte ich 9.

Meine Zahl heißt: ....

Zahlenrätsel

Lösung 69 Für jede richtige Antwort gibt es 2 Punkte.

☐ $\cdot 3 + 6 = 30$

oder: $30 - 6 = 24$

$24 : 3 = 8$ — Meine Zahl heißt: 8

$9 \cdot 8 = 72$

$72 + 12 = 84$ — Meine Zahl heißt: 84

TIPP

Bei Zahlenrätseln ist es manchmal leichter, mit dem Endergebnis zu beginnen. Dann musst du aber die Rechenzeichen umkehren:

Aus + wird – und umgekehrt.

Aus · wird : und umgekehrt.

 Löse die Knobelaufgaben.

Zwei Zahlen ergeben zusammen 30. Die eine Zahl ist doppelt so groß wie die andere.

Die Zahlen heißen:

.... und ....

Finn hat doppelt so viele Spielzeugautos wie sein Bruder. Zusammen haben sie 18.

Finn hat .... und sein

Bruder .... Spielzeugautos.

Lena ist 15 Jahre und dreimal so alt wie ihre Schwester.

Ihre Schwester ist

.... Jahre alt.

Knobelaufgaben

Lösung 70 Für jede richtige Antwort gibt es 3 Punkte.

5 + 10 = 15 … 9 + 18 = 27 10 + 20 = 30
oder: 30 : 3 = 10 Das Doppelte von 10 ist 20.
Die Zahlen heißen: 10 und 20

5 + 10 = 15 6 + 12 = 18
oder: 18 : 3 = 6 Das Doppelte von 6 ist 12.
Finn hat 12 und sein Bruder 6 Spielzeugautos.

3 · 1 = 3 … 3 · 4 = 12 3 · 5 = 15
oder: 15 : 3 = 5
Ihre Schwester ist 5 Jahre alt.

TIPP

Bei Knobelaufgaben kannst du auch durch Ausprobieren mit verschiedenen Zahlen die Lösung finden.

Trage hier ein, wie viele Punkte du bei den Übungen erreicht hast und ob die Aufgaben für dich leicht 🙂 oder schwer 🙁 waren. Lass dir beim Ausrechnen der Gesamtpunktzahl helfen.

Zahlen bis 100	Punktzahl	Erreichbare Punktzahl	🙂	🙁
Üben 1		17		
Üben 2		10		
Üben 3		28		
Üben 4		18		
Üben 5		14		
Üben 6		12		
Gesamtpunktzahl		91		

Zahlen addieren	Punktzahl	Erreichbare Punktzahl	🙂	🙁
Üben 7		8		
Üben 8		11		
Üben 9		5		
Üben 10		5		
Üben 11		3		
Üben 12		20		
Üben 13		15		

Trainingsergebnisse

Üben 14		6		
Üben 15		13		
Üben 16		17		
Üben 17		3		
Üben 18		3		
Gesamtpunktzahl		109		

Zahlen subtrahieren	Punktzahl	Erreichbare Punktzahl	☺	☹
Üben 19		8		
Üben 20		5		
Üben 21		3		
Üben 22		18		
Üben 23		15		
Üben 24		13		
Üben 25		17		
Üben 26		3		
Üben 27		3		
Gesamtpunktzahl		85		

Zahlen addieren und subtrahieren	Punktzahl	Erreichbare Punktzahl	☺	☹
Üben 28		7		
Üben 29		18		
Üben 30		24		
Üben 31		16		
Üben 32		2		
Üben 33		6		
Üben 34		10		
Üben 35		3		
Üben 36		8		
Üben 37		4		
Üben 38		6		
Üben 39		3		
Üben 40		3		
Üben 41		3		
Gesamtpunktzahl		113		

Trainingsergebnisse

Zahlen multiplizieren	Punktzahl	Erreichbare Punktzahl	☺	☹
Üben 42		14		
Üben 43		2		
Üben 44		4		
Üben 45		23		
Üben 46		24		
Üben 47		9		
Üben 48		6		
Üben 49		3		
Üben 50		9		
Üben 51		7		
Üben 52		4		
Üben 53		6		
Üben 54		12		
Üben 55		6		
Üben 56		10		
Üben 57		23		
Üben 58		8		
Üben 59		3		
Üben 60		3		
Üben 61		6		
Gesamtpunktzahl		182		

Zahlen dividieren	Punktzahl	Erreichbare Punktzahl	☺	☹
Üben 62		3		
Üben 63		3		
Üben 64		9		
Gesamtpunktzahl		15		

Zahlen multiplizieren und dividieren	Punktzahl	Erreichbare Punktzahl	☺	☹
Üben 65		8		
Üben 66		15		
Üben 67		14		
Üben 68		4		
Üben 69		4		
Üben 70		9		
Gesamtpunktzahl		54		

Endergebnis: .... von 649 erreichbaren Punkten.

Trainingsergebnisse

bis 220 Punkte: Prima, dass du alle Aufgaben bearbeitet und so fleißig trainiert hast! Du solltest jetzt noch weiter üben, um sicherer im Rechnen mit plus und minus sowie mal und geteilt zu werden. Das Buch „Wissen – Üben – Testen: Mathematik 2. Klasse“ kann dir dabei helfen. Dort findest du viele weitere Übungen.

221 bis 430 Punkte: Du hast vieles richtig gemacht und toll durchgehalten! Wenn du weiter regelmäßig trainierst, kannst du zu einem richtigen Rechenprofi werden. Dazu solltest du dir die Aufgaben nochmals genau ansehen, bei denen du in den Trainingsergebnissen dieses Zeichen angekreuzt hast: ☹.

431 bis 649 Punkte: Herzlichen Glückwunsch! Du bist fit im Rechnen mit den Grundrechenarten! Nun ist es wichtig, dass du durch regelmäßiges Training deine gute Form hältst. Suche dir für die Freiarbeit in der Schule oder zum Üben zu Hause immer wieder Aufgaben zu den Grundrechenarten aus.

Das magische Einmaleins-Gitter

Eine Zahl mit sich selbst multipliziert ergibt ihre Quadratzahl. Trage alle Quadratzahlen ein und beantworte die Fragen auf der nächsten Seite.

·	1	2	3	4	5	6	7	8	9	10
1		2	3	4	5	6	7	8	9	10
2	2		6	8	10	12	14	16	18	20
3	3	6		12	15	18	21	24	27	30
4	4	8	12		20	24	28	32	36	40
5	5	10	15	20		30	35	40	45	50
6	6	12	18	24	30		42	48	54	60
7	7	14	21	28	35	42		56	63	70
8	8	16	24	32	40	48	56		72	80
9	9	18	27	36	45	54	63	72		90
10	10	20	30	40	50	60	70	80	90	

Das magische Einmaleins-Gitter

1. Addiere die Quadratzahl von 6 und 8: .... = ...
2. Multipliziere die Quadratzahl von 2 und 3: .... = ...
3. Subtrahiere die Quadratzahl von 5 von der Quadratzahl von 9: .... = ...
4. Dividiere die Quadratzahl von 6 durch die Quadratzahl von 3: .... = ...
5. Subtrahiere vom Ergebnis 1 das Ergebnis 4: .... = ...

Nur fünf Lösungen sind richtig. Finde das Lösungswort.

49 = K | 8 = T | 18 = U | 32 = V | 84 = D | 27 = M | 54 = L | 56 = O | 72 = A | 2 = S | 4 = F | 11 = N | 16 = C | 36 = R | 20 = B | 100 = P | 64 = E | 22 = H | 96 = I

Lösungswort: ___ ___ ___ ___ ___

Psst! Die Lösungen findest du vorne auf dem Innenumschlag.